JON MEIRION JONES

ôl troed
T. LLEW

DEG TAITH LENYDDOL

Gomer

Cyhoeddwyd gyntaf yn 2011
gan Wasg Gomer, Llandysul, Ceredigion, SA44 4JL.

ISBN 978 1 84851 244 3

Dymuna'r cyhoeddwyr gydnabod cymorth
Cyngor Llyfrau Cymru.

Argraffwyd a rhwymwyd yng Nghymru gan
Wasg Gomer, Llandysul, Ceredigion.

Ceisiwyd gwirio pob ffath lle bo hynny'n bosibl ond
ni all y cyhoeddwr gymryd unrhyw gyfrifoldeb am
gywirdeb manylion sydd y tu hwnt i'w rheolaeth.

www.gomer.co.uk

Cyflwynedig i

Guto, Nia ac Owen
wyrion T. Llew Jones

ac i

Iwan, Gwenno,
Rhian, Mari a Dafydd
y gorwyrion

'Nhw biau yfory'

Cynnwys

Rhagair

Deil iaith i genedlaethau,
   Am ei rodd ac o'i mawrhau,
Cydnabod ei hanfod o
   Yw nawdd ein Cymreigeiddio.*

Cyfrol fechan yw hon sy'n dilyn ôl troed gŵr
arbennig iawn – T. Llew Jones. Trwy ei farddoniaeth,
ei storïau a'i nofelau i blant, ieuenctid ac oedolion
Cymru, a'i ddawn fel diddanwr, darlledwr a
beirniad, mae olion ei gyfraniad yn ddwfn ar
briddoedd diwylliant ein cenedl. Erys ei gynnyrch
toreithiog yn boblogaidd. Medrai ysgrifennu'n syml,
yn uniongyrchol ac yn gofiadwy, ac roedd ganddo
ddawn dweud fel bardd, ar lafar ac fel awdur. Roedd
yn ddawn unigryw ac yn grefft gynhenid a rannodd
â'i genedl.

   Mae'r diddordeb yn ei lyfrau a'i farddoniaeth i
blant yn parhau, ond wedi ei farwolaeth, mae awydd
hefyd ymhlith rhieni, plant a phobl yn gyffredinol
i wybod mwy am gefndir T. Llew Jones.

   Yn gynwysiedig yn y diddordeb mae ardal
ei febyd, ardaloedd yr ysgolion lle bu'n athro
ac yn brifathro, ei gartrefi a mannau a ddaeth i
amlygrwydd ac enwogrwydd trwy ei farddoniaeth,
ei storïau a'u nofelau arbennig.

   Gobeithio bydd y gyfrol yn gymorth i deithwyr,
twristiaid, disgyblion o bob oed, cymdeithasau a
theuluoedd sydd â diddordeb ym mywyd a gwaith

9

---

* Jon Meirion Jones

T. Llew Jones, ac sydd am ddysgu mwy amdano wrth iddynt grwydro ar droed, ar gefn beic neu mewn modur.

Gadawodd T. Llew Jones waddol cyfoethog sydd yn drysor amhrisiadwy er parhad y Gymraeg, ein diwylliant a'n cenedl. Mwynhewch eich crwydro. Mawrygwn ei fywyd ei enw a'i waith.

Jon Meirion Jones
Llangrannog, 2011

Taith 1

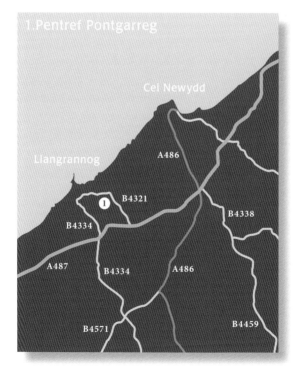

1.Pentref Pontgarreg

Cei Newydd

Llangrannog

A486

B4321

B4338

B4334

A487

B4334

A486

B4571

B4459

Pentref Pontgarreg

Pa le gwell i ddechrau taith yn ymwneud â T. Llew Jones nag ym mhentref Pontgarreg. Mae'n bentref prydferth a thawel, yn gorwedd ar lannau afon Hawen gysglyd ac wedi ei amgylchynu'n glyd gan fryniau – hyd yn oed i gyfeiriad y môr. Hawdd yw ei gyrraedd o'r A487 ym Mhentregât, yna ar y B4321 sy'n ymdroelli tuag at Langrannog. Mae Gwersyll yr Urdd, Capel-y-wig, traethau Llangrannog a Chilborth, a hyd yn oed Cwmtydu a dolen newydd o ruban rhamantus Llwybr Arfordir Ceredigion o fewn cyrraedd.

Awgrymaf mai Neuadd Goffa Pontgarreg (SN 338/543) fyddai'r lle gorau i ddechrau teithiau cerdded, ar gefn beic, mewn modur, bws mini

✧ *T. Llew Jones a'i wraig Margaret Enidwen ar Heol y Beirdd, tu ôl i'r chwith mae Tawel Fôr (adeiladwyd gan Jac Alun), Dôl-nant (cartref T. Llew Jones a'i deulu), Pentalar (adeiladwyd gan Alun Jeremiah), Pentir (adeiladwyd gan Jac Alun), Pennant (cartref George Jones).*

neu fws mwy – oherwydd y cyfleusterau parcio ar darmac glân mewn lle diogel.

Agorwyd y neuadd yn 1952, ac fe'i hadnewyddwyd yn hydref 2002 gyda chymorth ariannol gan y Loteri Genedlaethol. Roedd gan T. Llew Jones gysylltiadau agos iawn â'r lle. Bu'n ymryson yno gyda'r beirdd fel aelod o dîm ac fel meuryn ym miri'r cystadlu yn y chwe a'r saithdegau. 'S.B.' (Simon B. Jones) oedd y meuryn cydnabyddedig ar y dechrau oherwydd ei lawryfon fel bardd cenedlaethol coronog, Wrecsam 1933, a chadeiriol, Abergwaun 1936. Gwnâi gocyn hitio da am ei fod yn bregethwr ac yn darged cyson i'w frawd direidus, Isfoel.

Roedd T. Llew yn gadeirydd cwrdd trafod cyfansoddiadau'r Eisteddfod Genedlaethol a gynhaliwyd yn y neuadd, wedi'r dyddiau cynnar yng nghegin y Cilie, yn yr ysgol ac yn festri Capel-y-wig.

Yn wir, bu T. Llew yn gadeirydd Pwyllgor Eisteddfod Pontgarreg rhwng 1975 ac 1982. Bu'n darlithio yn y neuadd amryw o weithiau, yn enwedig ar wahoddiad y gangen Merched y Wawr leol. Ef hefyd a ychwanegodd y blaen air 'bro' at y syniad gwreiddiol o eiddo ei wraig am enw i'r gangen, fe'i henwyd ar ôl un o enwogion y fro – Sarah Jane Rees (Cranogwen) – sef 'Cangen Bro Cranogwen'.

HEOL Y BEIRDD

I gyrraedd Heol y Beirdd a chartref teulu T. Llew, sef Dôl-nant, medrwch wneud cylchdaith hawdd i'r aswy neu i'r dde, oherwydd lled un cae yw'r lle gyferbyn â'r ysgol.

Adeiladodd Alun Cilie fyngalo 'Woolaway' yng nghanol y pentre ar ei ymddeoliad a gwahoddodd T. Llew a'r Capten Jac Alun hefyd i godi tai. O hyn y deorodd Heol y Beirdd. O gyfeiriad yr afon ymddangosodd Dôl-nant (T. Llew Jones a'r teulu), Pentalar (Alun) a Pentir (Jac Alun), cyn i'r capten godi ail annedd brics – Tawel Fôr.

Roedd T. Llew wrth ei fodd o gael Alun Jeremiah, neu Alun Cilie, yn byw drws nesa iddo. Cydnabyddid Alun fel ffigwr anrhydeddus o fewn cylch y nythaid o feirdd yn ne Ceredigion. Safai yn y canol fel bardd diwylliedig ac roedd ei ddylanwad yn drwm ar feirdd eraill.

Meddai T. Llew, 'Yna roedd ei frawd – yr athrylithgar Isfoel. Siaradai hwn mewn cynghanedd. Roedd yn fardd eneiniedig fel petai wedi dianc o'r bymthegfed ganrif. Roedd geiriau yn galw ar ei gilydd. Roedd yn barddoni wrth siarad. Ac roedd Dic, Tydfor a Donald yn ein plith.' Trigai Isfoel a Catherine mewn 'Woolaway' arall – Derwydd – ar waelod y stad tai cyngor.

Roedd cyfeillgarwch T. Llew ag Alun wedi blodeuo ar ôl i T. Llew ddod yn rhan o'r teulu trwy briodas. Cyn i Alun adnabod T. Llew nid oedd wedi cystadlu llawer yn y Genedlaethol, os o gwbl. Enynnodd T. Llew yr awydd a'r elfen gystadleuol ynddo, a'r canlyniad fu iddo ennill gwobr am ei gywydd i'r 'Bae' yng Nghaernarfon yn 1959 – yn gyfochrog â chadair y Llew ei hun. Enillodd Jac Alun ar yr englyn i'r 'Ffon Wen' yn yr un eisteddfod.

I ddathlu pen-blwydd ei gyfaill Alun yn 70 oed, canodd T. Llew:

> Hwrê heno i'r brenin! – Hwyl iddo
> Ar ben-blwydd y dewin;
> I ddiguro fardd gwerin
> Iechyd da! A thracht o win!

YSGOL PONTGARREG

Hoffai T. Llew liwio cynnwys sgwrs, meurynna neu ddarlith trwy ddyfynnu rhai o ebychiadau cynganeddol Alun Cilie. Er enghraifft, wedi gweld Ifor Rees yn wlyb diferu ar gae'r eisteddfod un tro, 'Ifor Rees in heavy rain'. Dro arall, Alun yn cyfarfod ag Eser Evans, gaffer Bois yr Hewl, ar dro cas ger y Cilie. Bu bron â bod yn ddamwain ddrwg. Ond weindiodd Alun y ffenestr i lawr a chyfarch Eser mewn llinell groes o gyswllt ar amrant: 'Eser Evans, arafwch!'

Gyferbyn â Dôl-nant mae Ysgol Pontgarreg, a gwelai T. Llew'r plant trwy ffenestr ei lolfa a'u clywed yn chwarae'n hwyliog. Dywedodd wrthyf, 'Wyt ti ddim yn cytuno fod athrawon yn cael gormod o wyliau?' Diwedd Awst oedd hi ac roedd yn gweld eisiau'r plant ar iard yr ysgol.

Sefydlwyd yr ysgol yn 1867, yn dilyn cyfraniad arloesol ysgolion teithiol Madame Bevan yng Nghwmhawen Fawr.

Bu Cranogwen yn dysgu yno, a hefyd gŵr lleol o'r enw Einion Crannogfab Evans, Ffynnon-las. Collodd yntau ei swydd am nad oedd ganddo dystysgrif athro. Ymfudodd i'r Unol Daleithiau America, lle graddiodd ac ennill doethuriaeth (ond nid oedd e'n ddigon da i ddysgu ym Mhontgarreg, cofiwch).

Mewn cas gwydr yn Amgueddfa Werin Cymru yn Sain Ffagan, gwelir enghraifft o'r 'Welsh Not'. Arteffact o bren ydyw, yn mesur 6cm wrth 2cm. Fe'i darganfuwyd mewn cwpwrdd llyfrau yn Ysgol Pontgarreg yn 1953 wedi i grefftwr lleol baentio'r bwrdd du cyn i'r ysgol ddechrau yn y bore. Diferodd peth o'r farnis i'r tân gan greu cyflafan wenfflam.

Gwnaed difrod i'r ystafell ac wrth symud llyfrau o gwpwrdd, daethpwyd o hyd i'r 'Welsh Not'. Roedd gan T. Llew ddiddordeb mawr yn y stori gan ei fod yn hanesydd ac mor frwd dros gadwraeth y Gymraeg.

Cofiai Isfoel y 'Welsh Not' yn cael ei ddefnyddio yn Ysgol Pontgarreg. Un o'i gyd-ddisgyblion oedd John Jones (mab Beti'r Gwëydd yng Nghwm Cilie, ond bellach o Frynhyfryd) a gâi ei grasu'n ddyddiol am siarad Cymraeg. 'Gwelais ei gefn yn bothelli a gwrymau cochion o effaith ffon y "meistr".'

Treuliodd T. Llew gyfnod byr yn 1949–50 yn Ysgol Pontgarreg dan gynllun ymarfer dysgu. Bu'n dysgu fy ngwraig, Aures, ac meddai hi, 'Roedd yn athro mwyn a charedig â'r ddawn i ddal sylw'r meddyliau chwilfrydig ieuanc. Tynnai'r plant i wrando arno trwy ei lais soniarus, ei wên a'i ymarweddiad cynnes'.

Âi T. Llew draw at raels yr iard i sgwrsio â'r plant, a phan aen nhw draw i Ddôl-nant i ofyn am gasglu pêl o'r lawnt, hoffai siarad â nhw. Yn hwyr neu'n hwyrach byddai am wybod pa lyfrau roeddent yn eu darllen neu beth oedd yr athro yn ei ddarllen iddynt.

Bu Emyr, mab hynaf T. Llew a Margaret Jones, yn ddisgybl ym Mhontgarreg pan oedd y teulu'n byw yn Llangrannog ddiwedd y pedwardegau, ac mae Iolo Ceredig, yr ail fab, yn byw yn Nôl-nant bellach. Yn ei oriau hamdden, diddordeb pennaf Iolo yw chwarae gwyddbwyll. Fe gynrychiolodd Cymru mewn pedair Olympiad ar ddeg. Un o'i uchafbwyntiau oedd ennill medal aur yn Olympiad Novisad yn 1990. Bu Buenos Aires, Lucerne, Thesalonika, Manila, Moscow, Armenia a Kalmykia hefyd ymhlith y mannau a ymwelodd â hwy ar ei deithiau.

Chwaraeodd T. Llew wyddbwyll dros Gymru yn erbyn Iwerddon amryw o weithiau ond ni chafodd y fraint o'i ddewis i gynrychioli Cymru mewn Olympiad, fel ei fab Iolo. T. Llew, hefyd, fu'n gyfrifol am olygu *Y Ddraig* – cylchgrawn gwyddbwyll cenedlaethol Cymru, am y tro cyntaf yn 1974.

Wrth gerdded 'nôl am y neuadd a heibio'r tai cyngor fe ewch heibio i Derwydd, cartre Dafydd Isfoel, wedi iddo ymddeol o'i waith fel amaethwr a gof yng Nghilygorwel. Derbyniodd y wisg wen ym Mhwllheli ond ni fu yn yr un eisteddfod wedyn.

Wedi cyrraedd y maes parcio mae gennych ddewis i fynd naill ai tuag at Gapel-y-wig a Chwmtydu neu tuag at Langrannog a Gwersyll yr Urdd.

Taith 2

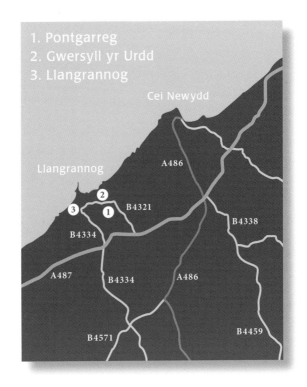

1. Pontgarreg
2. Gwersyll yr Urdd
3. Llangrannog

Cei Newydd

Llangrannog

A486

B4321

B4338

B4334

A487

B4334

A486

B4571

B4459

Pontgarreg ➤
Gwersyll yr Urdd ➤
Llangrannog

Ar ôl troi i'r dde i gyfeiriad Llangrannog a
chyrraedd sgwâr llydan y pentre a'r bont (a agorwyd
gan Mrs Mary Davies, Glandewi), mae dau dŷ mwy
na'r cyffredin ar y ddwy ochr. Cilwerydd, cartre'r
Capten Dafydd Jeremiah Williams a Glandewi,
cartre'r Capten John Davies. Bu Dafydd Jeremiah
yn morwria am 50 mlynedd ac yn gapten ar 32 llong
gan orffen â gofal am yr *Alva Star* anferth. Roedd yn
lefiathan mor hir, bu raid iddo gael beic i deithio ar
ei hyd wrth arolygu'r deciau. Gwasanaethodd ei fro
fel trysorydd Capel-y-wig a chynghorwr plwyf pan
oedd ar dir sych. Cyfansoddai englynion a sonedau
a hoffai rannu englynion dros radio'r llongau â'i
gefnder, y Capten Jac Alun. Aeth drwy'r Ail Ryfel
Byd yn ddianaf pan fu'n gapten ar y *Llanberis* lwcus
am naw mlynedd a thri diwrnod. Dihangodd o
warchae'r Natsïaid yn Narvik, Norwy.

Ar y chwith wrth adael y bont mae anheddle
lle gynt roedd storws Glandewi a man cynnal
dosbarthiadau gwneud menyn a gwyntelli (basgedi
mawr crwn) i drigolion yr ardal. Ymhen deg llath
mae Ffynnon Ddewi – dŵr iachusol a byrlymus a
roddwyd i'r pentrefwyr gan Admiral Hope a'i deulu
ym mhlas Rhydycolomennod. Arferai Dafydd
Jeremiah yfed ei dŵr grisial yn ddyddiol, ac o alw yn
ei gartref caech gynnig ychydig o'r dŵr arbennig cyn
cael cynnig te neu goffi.

Bendithiwyd Dafydd Jeremiah â chof diwaelod, a chofiai ddarnau hir o farddoniaeth wedi un darlleniad. Ar ei gof oedd llawer o farddoniaeth a straeon am deulu'r Cilie. Roedd T. Llew yn ffrind agos iddo ac yn ffynhonnell gyfoethog i'w ddiddordeb yn y 'Tyl'.

Gwelir yr englyn isod o waith T. Llew Jones ar garreg fedd Dafydd Jeremiah a'i wraig Gwenllian ym mynwent Capel-y-wig:

> Er i'r môr mawr ymyrryd – un oeddynt
> Yn nyddiau eu bywyd;
> Ac eto'n un, un o hyd
> Yng nghafell Angau hefyd.

Yn ymyl y ffynnon mae St David's Villa, cyn cyrraedd siop y pentre a ficerdy newydd y plwyf sydd gyferbyn. O gyrraedd pen y codiad tir, mae llwybrau cyhoeddus i'r dde 'nôl i Gapel-y-wig ac yn syth ymlaen drwy Allt Tredwr ac allan i'r ffordd ucha ac ymlaen i Wersyll yr Urdd. Os ydych yn beicio, mewn modur, neu am gerdded, medrwch fynd yn eich blaen ar hyd y ffordd fawr ac ail-ymuno â'r heol uchaf ymhen hanner milltir ar sgwâr y Pant (SN 329/544). Enw'r ddau fwthyn gwreiddiol oedd Cnwc-y-fwyalchen.

Mae'r llwybr trwy goed bythwyrdd a chollddail yr allt yn dangnefeddus ac yn llawn arogl pinwydd a sain corws côr y wig. Dowch allan, wedi croesi hewl gart sy'n codi i ben yr Allt, ger bwthyn Brynllîn. Bwthyn gwyngalchog ydyw, a'i gefn at y ffordd i ennill haul y dydd. Mae'r enw'n tarddu o'r hen ffordd o amaethu llin a ddigwyddai ar y llethrau i'r dde uwchben y bwthyn.

TRECREGYN EAST A MAESYCREGYN

Ar y dde hefyd, ymhen pellter lled cae, gwelir
Trecregyn East a'i dalcen yn wynebu'r ffordd. Ar
ddechrau'r Ail Ryfel Byd, yno roedd y weddw Esther
Jones, seithfed plentyn y Cilie, ei merch Margaret
Enidwen a'i mab Elfan yn byw. Bu Elfan yn
heddwas gyda'r Metropolitan Police yn Llundain.Yn
Nhrecregyn East ac yn y cyffinie y cyfarfu T. Llew
a'i ddarpar wraig, Margaret Enidwen. Fe'i henwyd
ar ôl y llong *Enidwen*, oherwydd i'w thad Joshua,
un o feibion efail Caerwedros, fod yn beiriannydd
arni am gyfnod. Bu farw ei thad yn 32 oed, wedi
iddo ddioddef niwmonia dwbl ar ôl aredig cae ei
frawd Sam ger Capel-y-wig yn y glaw. Roedd brawd
Esther, John Alun, ar y môr, bu ei chwaer Myfanwy
yn nyrsio yn Llundain, a symudodd Rachel, chwaer
arall, i ffwrdd wedi priodi.

Priodwyd Thomas Llewelyn â Margaret Enidwen
yn 1940 a bendithiwyd y cwlwm gan enedigaeth y
mab cyntaf, Emyr Llewelyn. Bu raid i'w dad aros hyd
ddiwedd y rhyfel cyn ei weld.

Gorfodwyd T. Llew i ymuno â'r Awyrlu yn
Blackpool cyn hwylio ar long fawr o gwmpas
Penrhyn Gobaith Da i Port Taufiq a gwlad yr Aifft.
Gwasanaethodd flynyddoedd y rhyfel yn anialwch
gogledd Affrica fel telegraffydd. Dychwelodd i
Gymru yn ddianaf gan roi ei fryd ar fynychu coleg
i ddilyn cwrs hyfforddiant i ddarpar athrawon. Nid
oedd wedi gweld Emyr oddi ar ddechrau'r rhyfel.
Ganwyd Iolo, yr ail fab, hefyd yn Nhrecregyn East.

Ychydig bellter cyn cyrraedd y gyffordd ac
ailymuno â'r B4321 dim ond arwain at dair fferm ac
anheddau eraill y mae'r ffordd gul. Y tŷ cyntaf â'i
dalcen tuag atoch yw Maesycregyn. Ar ddechrau'r

ganrif ddiwethaf roedd yn gartref i'r Capten Evan
Lewis Taylor, cymeriad gwydn a dewr. Mae hanesyn
difyr amdano yng nghyffiniau Kinsale, Iwerddon,
ym Mai 1915, pan suddwyd llong bleser Cunard, y
Lusitania gan long danfor Almaenig. Collwyd 1,459
o fywydau. I achub ei griw a'i long tynnodd Capten
Taylor yr hen 'blood and guts' (*red ensign*) i lawr a
chodi baner Gwlad Groeg yn ei lle. Suddwyd tair
llong arall yn y cyffiniau, ond achubodd Capten
Taylor 52 o fywydau o'r môr i'w long, y *Westborough*.
Llwyddodd i gyrraedd Belfast yn ddiogel ond bu o
flaen ei well am ei 'weithred gywilyddus'.

'Beth sy bwysicach?' gofynnodd. 'Protocol a
baner ar ddarn o lin, neu achub hanner cant o'r
môr?' Ni chlywodd ragor am y cyhuddiad.

Capten Lewis Taylor hefyd a roddodd fenthyg
arian i Esther Jones brynu Gaerwen, ei chartref
cyntaf, a sicrhau aelwyd i'w theulu. Roedd yn
gymwynasgar ac yn ddyn busnes da.

Tenantiaid eraill a fu'n gysylltiedig â
Maesycregyn yn nechrau'r 1940au oedd yr Athro
Melville Richards a'i wraig Ethyn a'u plant. Brodor
o Ffair-fach, Llandeilo oedd Melville Richards ac fe'i
haddysgwyd yng Nglyn-nedd, yng Ngholeg Prifysgol
Abertawe, ac fel cymrawd yn y Sorbonne a Dulyn.
Roedd yn ieithydd naturiol a threuliodd gyfnod
ym Mhrifysgol Bonn cyn yr Ail Ryfel Byd. Siaradai
Almaeneg rhugl ac astudiodd hanes, traddodiad a
chwedloniaeth y wlad. Cyn hir, oherwydd ei allu
a'i ddawn amlieithog, fe'i symudwyd i Bletchley
Park. Yno, casglwyd ynghyd gannoedd o fyfyrwyr
galluog, athrawon coleg, chwaraewyr gwyddbwyll,
swyddogion y fyddin, actorion a 'debutantes' mewn
hen blas Fictoraidd. Llwyddodd y grŵp athrylithgar

i ddatrys a thorri 'Shark', sef Enigma y llongau tanfor, a 'Fish', system a ddefnyddid gan Hitler a'i uwch-gadfridogion. Dywedir i'r gwaith cyfrinachol a wnaethpwyd yn Bletchley gwtogi'r Ail Ryfel Byd o ddwy flynedd ac achub miloedd ar filoedd o fywydau.

Ysgrifennodd Melville Richards nofel yn seiliedig ar ymweliad llong danfor â Chwmtydu yn 1913. Ailosododd y stori yn y 1940au ac enillodd y wobr gyntaf yn Eisteddfod Genedlaethol Bangor yn 1943 amdani, sef Y *Gelyn Mewnol*, stori gyffrous am ysbïwyr.

Yn ystod ei arhosiad ym Maesycregyn, teithiai Melville Richards yn gyson i Lerpwl lle roedd yn athro â chadair yr Adran Astudiaethau Celtaidd yn y Brifysgol.

Cofiaf innau weld pocedi a waledi, sef system ffeilio Melville Richards, mewn droriau ac ar fur ym Maesycregyn. Roeddent yn cofnodi manylion am enwau llefydd trwy Gymru gyfan. Yn wir, ni orffennodd Melville y gwaith a chwblhawyd ei ymchwil arloesol gan yr Athro Bedwyr Lewis Jones a gyhoeddodd y llyfr gorffenedig, *Enwau Tir a Gwlad*.

Dangosodd T. Llew ddiddordeb mawr yn y stori am y 'sambarîn' ac mi fyddai wedi gwau stori wreiddiol arall, yn sicr, oni bai fod Melville Richards wedi achub y blaen arno.

GWERSYLL YR URDD
Ewch ymlaen i'r gyffordd i ymuno â'r B4321.

Cwm tawel, gwyrdd yw Cwm Hawen, a'i dirwedd o lechweddau cymharol yn frodwaith o goedydd a chaeau sy'n gwneud panorama o brydferthwch naturiol. Ond tua Llangrannog mae'r cwm yn culhau'n sylweddol a'r llechweddau gogleddol yn codi'n serth ac wedi eu gorchuddio gan eithin. Yn ystod misoedd Ebrill a Mai mae arogleuon yr eithin persawrus yn rhan o brofiadau arbennig ymwelwyr cynnar â Chwm Hawen.

Mae pedair heol yn cyfarfod ar y gyffordd nesaf. I'r dde mae ffordd darmac lydan yn arwain i Wersyll yr Urdd a fferm Cefncwrt; i'r chwith mae'r ffordd yn arwain i Frynhoffnant, ac yn syth yn eich blaen mae'r ffordd yn arwain i bentref a thraeth Llangrannog.

Mae dewis gennych i orffen eich taith yn y gwersyll; mae cyfleusterau parcio helaeth yno. Efallai yr hoffech gerdded, beicio neu fynd yn eich modur i Langrannog a dychwelyd i'r gwersyll ar hyd lwybr yr arfordir.

✧ *Canolfan Dreftadaeth yr Urdd – fferm Cefncwrt. O'r chwith i'r dde mae ystafell Ogof T. Llew Jones, y ganolfan ysgrifennu creadigol, yr oriel arddangos, yr hen dŷ fferm a chanolfan hanes yr Urdd a'r fro.*

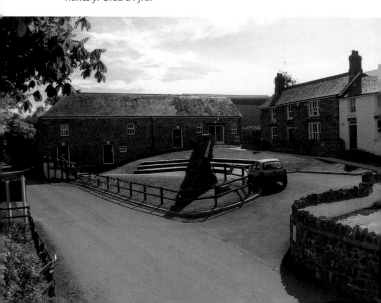

Wrth fynd am Langrannog fe welwch Blas Rhydycolomennod, yn adeilad hardd, cymesur a sylweddol mewn lliw hufen melyn. O'i flaen mae safle'r ardd lle tyfid llysiau, blodau a ffrwythau egsotig. Cartref Syr D. O. Evans, Aelod Seneddol Rhyddfrydol Sir Aberteifi ydoedd, a dôi Lloyd George i'w weld yno yn achlysurol, a hefyd Ifan ab Owen Edwards. Ar un ymweliad aeth 'D.O.' ag Ifan ab Owen i fyny i fferm Cefncwrt. Dotiodd ar y cae oedd yn edrych allan dros Fae Aberteifi gan ebychu, 'Dyma'r lle i adeiladu gwersyll newydd i fudiad yr Urdd.' Ac felly y bu.

Sefydlwyd y gwersyll yn 1932. Yr unig gyfleusterau ar y pryd oedd pebyll ar waelod y cae, dŵr glân gloyw o ffynnon i'w yfed ac i'w ddefnyddio er mwyn ymolchi allan o badell, ynghyd â llwyth o wellt mewn gambo o eiddo John Williams, Cefncwrt. Llenwyd ticin y matras cyn ei lusgo i lawr i'r babell i fod yn wely cyfforddus a chynnes am y cyfnod.

Adeiladwyd cabanau pren i'r merched a'u henwi ar ôl caeau a thraethau'r fro. Cyn dod i Langrannog fe ddefnyddiwyd un o'r cabanau fel ysbyty adeg y Rhyfel Byd Cyntaf, cyn treulio cyfnod yn Nhregaron a'i symud wedyn i'w ddefnyddio fel neuadd a siop yn y gwersyll.

Cof mebyd amryw o drigolion y fro yw clywed miwsig alawon gwerin ar adenydd yr awelon, a gweld heidiau o blant yn cerdded yr heolydd a'r llwybrau'n parablu yn Gymraeg, yn nofio ac yn hwylio ar y traethau lleol.

Bellach mae Gwersyll yr Urdd yn ganolfan gyfoes, foethus, sy'n cynnig llety, cyfleusterau a gweithgareddau adloniadol gyda'r gorau yn Ewrop.

CANOLFAN DREFTADAETH YR URDD

Wedi ei ymddeoliad i Bontgarreg, bu galw mawr am ymweliadau gan T. Llew Jones â'r gwersyll. Roedd yn ymwelydd cyson ac yn diddanu'r plant chwilfrydig â'i straeon difyr. Câi wahoddiadau di-ri o bob cwr. Bu Steff Jenkins a'i staff ymroddgar, ynghyd â chyfraniad T. Llew Jones, yn rhan bwysig, gyfoethog a llwyddiannus o'r ymdrech i ehangu addysg y plant a'u Cymreigeiddio.

Ond daeth T. Llew Jones yn arwr parhaol i blant Cymru trwy Ganolfan Dreftadaeth yr Urdd yng Nghefncwrt. Mewn datblygiad arloesol ac athrylithgar, crëwyd canolfan hanes traddodiadau'r broydd yn yr hen feudy, ac yn yr ysgubor crëwyd oriel i arlunwyr lleol, ystafell ar gyfer ysgrifennu creadigol, ac 'Ogof T. Llew Jones'. O'i blaen mae cerflunwaith o Garreg Bica ac arno englyn o waith Mererid Hopwood. 'Caer Chwedlau' yw teitl yr englyn:

> Cymer di ei storïau – yn dy law
> rho dy lais i'w henwau
> ac a nerth dy ganu iau,
> rho dy gariad i'w geiriau.

Mae'r 'Ogof' yn ystafell sy'n llawn dyfeisgarwch annisgwyl. Ger y drws mae coeden-wneud ac arni ddail papur sy'n cofnodi sylwadau'r plant fu'n ymweld â'r lle. Ar y llawr mae clustogau i eistedd arnynt ac ym mhen pellaf yr ystafell ceir gorsedd gerfiedig uchel wedi ei chuddio'n rhannol gan lenni. O'ch blaen mae sgrin fawr, lle cewch weld ffilmiau o'r fro a'i hanesion, ynghyd â'r cyfarwydd ei hun, T. Llew Jones. Dyna wefr yw ei weld yn adrodd storïau i garfan o blant – a'i ddawn dweud hudol. Mae cyfaredd y cyfarwydd mor fyw, mor real, mor ffres!

A phwy a ŵyr na ddychwel storïwr arall i'r orsedd hud – er syndod mawr i'r plant disgwylgar ar eu clustogau.

Y PENTREF

Mae'r B4321 yn gul a throellog, a phrin yw'r arosfannau answyddogol i dynnu i mewn iddynt pan fydd y drafnidiaeth yn drom.

Yn sydyn dowch i bentref Llangrannog – ond i'r rhan uchaf a elwir yn Bentref yr Eglwys. Cofnodir i'r Mynach Carantoc deithio dros fôr a thir i sefydlu eglwysi pren cynnar yn Leon (Llydaw), Crantock (Cernyw), Carhampton (Gwlad yr Haf) a Llangrannog. Dywedir ei fod yn ewythr i Dewi Sant, ac ymhlith ei ddilynwyr roedd Cubert (Gwbert), Columb a Tenan.

Sefydlwyd yr eglwys leol mewn man cysegredig. Derbyniodd Carantoc arwydd wrth i'w golomen ddwyn siafins pan oedd y sant yn cerfio'i ffon.

✧ *Traeth a rhan isaf o bentref Llangrannog yn yr haf. Roedd T. Llew Jones yn hoff o drefnu gemau criced yma ar lain o dywod caled a'r môr ar drai.*

Dilynodd yr aderyn, a phan welodd y pentwr mewn llannerch dawel, derbyniodd y ddelwedd fel man i sefydlu eglwys. Adeiladwyd y pentref uchaf gwreiddiol oddeutu'r eglwys i'w amddiffyn rhag anrheithwyr a môr-ladron o gyfeiriad y môr. Mae'r ffordd yn gul iawn wrth fynd heibio'r eglwys bresennol a'r fynwent. Ym mhen ucha'r fangre, gwelir cofgolofn urddasol a thrawiadol Sarah Jane Rees (Cranogwen).

Trowch i'r chwith ar y sgwâr uchaf ac ymhen 100 metr gwelir maes parcio di-dâl a gwasanaeth bws mini gwennol i'r traeth trwy fisoedd yr haf. Dychwelwch i'r sgwâr a throwch i'r chwith, heibio i gapel a festri Bancyfelin (Methodistiaid). Caewyd yr achos yno yn 1995. Cyfrannodd Cranogwen tuag at yr adeiladau a'r gwaith o gau afon Hawen danddaear trwy roi cyfran hael a sylweddol o'i henillion a gafodd ar daith ddarlithio i'r Unol Daleithiau.

Cyn i'r ffordd ddisgyn ymhellach, taflwch lygad (gan ddal gafael yn gadarn) dros y mur ac fe glywch a gweld afon Hawen yn disgyn yn rhaeadr nerthol i waelodion y Gerwn. Ychydig islaw roedd melin wlân, Y Ffatri, a fu'n enwog am gynhyrchu carthenni, crysau a dillad isaf gwlanog. Gerllaw mae gardd fechan gyhoeddus ar ddwy lefel ac ynddi gofnod ar lechen o ymweliad Edward Elgar, y cyfansoddwr enwog o Malvern, â Llangrannog yn 1901. Dioddefai Elgar o'r falen a hoffai nofio yn y môr mewn hen byjamas oedd llawer rhy fawr iddo. Tyrrai'r plant tu ôl iddo gan ei watwar, ac roedd yntau fel y pibydd brith, wrth ei fodd. Un diwrnod, clywodd Elgar gôr cymysg o Dre-fach Felindre yn canu'r emyn 'Tan-y-Marian' yn yr ogof ar draeth y pentref. Fe'i swynwyd gan y canu eneiniedig a bu'n ddylanwad parhaol ar ei ddawn gynhenid. A phan gyfansoddodd ei ddarn enwog, 'Introduction and Allegro for Strings', ymgorfforodd ynddo ambell gymal neu adlais o'r emyn gwreiddiol.

Cyfeirir at ran ganol Llangrannog fel 'y Pentref Rhuban'. Dywed y Dr J. Geraint Jenkins: 'Codwyd tai i gartrefu'r boblogaeth oedd ar ei thwf, a chapel yr Annibynwyr, Capel Crannog (1889). Nid oedd un tŷ yn y rhan yma yn 1840, yn ôl Map y Degwm, ond yn 1890 roedd o leiaf ddwsin o dai'. Datgysegrwyd a chaewyd Capel Crannog yn 2001.

Perthyn i Langrannog dreftadaeth forwrol gyfoethog iawn. Roedd yno brysurdeb masnach o gwlwm (glo mân wedi ei gymysgu â chlai i wneud peli ar gyfer y tân), calch, crochenwaith, briciau, teiliau, a phibellau traeniad (*drainage*). Ymhlith yr allforion roedd sgadan wedi eu halltu mewn casgenni.

Bellach, dau dafarn – Y Llong a'r Pentre Arms – sydd ar ôl. Diflannodd y Ship and Anchor, y Black Lion a'r Dolmeddyg yn y pentre uchaf. 'Yno roedd y tafarnwr (Dafi Doctor) yn feddyg llysieuol, gwaedwr, bardd, clochydd a thorwr beddau,' yn ôl J. Geraint Jenkins.

Mae siop Glanyrafon yn gwerthu bwydydd, papurau a bric-a-brac twristiaeth. Hefyd gwelir dau gaffi – y cyn-Gegin Fach a'r Patio ar gyfyl y traeth sydd ar agor dros ran helaeth o'r flwyddyn, lle da i gerddwyr ar benwythnosau.

Ewch yn eich blaen ar hyd y promenâd, heibio i'r odyn galch a'r hen gerbyd trên, gan ddringo'n serth i Ben Rhip. Mae'n olygfa drawiadol sy'n dal anadl dyn ac yn adnabyddus i Gymru gyfan a'r byd. Mae cynllun i godi cerflun mawr o Sant

Carannog ar y safle. Mae lliain glas neu wyrdd neu lwyd y môr yn atyniad sy'n rhyfeddu hyd yn oed yr ymwelwyr dyddiol. Ac yn codi i frathu'r ffurfafen mae bryn trawiadol Pen Dinas Lochtyn neu Ben y Badell. Ar ei gopa gwelir olion caer Oes yr Haearn a dyfeisiadau technolegol cyfoes i ddilyn cwrs rocedi o'r maes tanio yn Aber-porth. Ac yn ymestyn allan i'r môr mae Braich y Badell. Ar hon yn ystod yr Ail Ryfel Byd roedd caban, bregus braidd, i Wylwyr y Glannau. Daw'r hen enwau uchod o'r hen gwmwd, Gwestfa Clychton.

Mae'r clogwyni ysgythrog a rhychiog yn ardal o ddiddordeb daearegol arbennig. Er eu cadernid yn gwrthsefyll grym y môr a'i donnau parhaol, ildio maent yn raddol trwy erydiad cyson.

Mae i bob traeth a chilfach ei enw. Traeth y Pentre, Cilborth, Traeth yr Isgland, Traeth Porth Henri, Traeth Carreg Ifan a Thraeth y Bilis – cyn dod i Fraich y Badell. Yn y Bilis, daw'r sgadan i gymharu ac i ddodwy eu hwyau o dan lygaid gwancus y bilidowcar.

Wedi dychwelyd o'r rhyfel a byw gyda'i fam-yng-nghyfraith, Esther Jones, yn Nhrecregyn East, bu teulu T. Llew Jones yn byw yn Nôlwylan, Llangrannog am gyfnod tra oedd yntau'n athro dosbarth yn y Borth ac yn lletya gyda'r teulu Raw-Rees yn Tŷ'n Parc,Llandre. Wedi hynny bu'n dysgu yn Nhalgarreg ac Thre-groes. Roedd ei daith ddyddiol i Dre-groes yn ddiarhebol o gymhleth a llafurus – bws R.A.E. Aber-porth o Langrannog i Rydlewis, bws plant Ysgol Llandysul i Fwlch-y-groes, a beic i Dre-groes. Aildeithiwyd trwy'r drefn wrth ddychwelyd ond roedd rhaid gwthio'r beic i fyny dros riw Bargod i Fwlch-y-groes a'i adael y tu ôl i glawdd tan y bore trannoeth.

Daeth tafarn y Pentre Arms yn ganolfan benwythnosol, yn enwedig ar nos Sadwrn, i'r nythaid o feirdd o dde Ceredigion. Prynwyd y busnes gan Tom ac Elizabeth Jones oddi wrth stad y Pentre.

Roedd Tom yn drydydd yn y rhengoedd o ddeuddeg o blant y Cilie. Ni fendithiwyd ef gan dduwies yr awen ond safai ysgwydd wrth ysgwydd â'i frodyr o ran ffraethineb. Cymeriad naturiol i redeg tafarn oedd Tom. Gofynnodd rhywun iddo unwaith:

'Ydych chi'n frawd i'r bardd enwog, S.B?'

'Nadw, fe sy'n frawd i fi. Ac mi ddweda i wrthych pam. Unwaith rwy i yn medru gwerthu peint o gwrw; mae e yn medru pregethu yr un bregeth – sawl gwaith.'

Ac os byddai rhai yfwyr yn araf yn gorffen eu medd, byddai latsh y drws yn cael ei datgymalu rhag y 'bobi' busneslyd. Tra oedd hwnnw'n ymbalfalu â'r drws, arllwysai pawb eu cwrw i mewn i sistern y grat. Nid rhyfedd bod y forwyn yn tuchan wrth lanhau yn y bore fod y dŵr yn frown iawn!

Roedd yn lle naturiol i'r beirdd. Roedd Tom ac Alun (Cilie) yn frodyr ac roedd y croeso cynnar yn ychwanegu at safle rhamantus y tŷ tafarn. Gosodid caeadau dros y ffenestr a'r drysau ar dywydd garw ond rhwygwyd y drws a'r ffrâm yn ddarnau ar sawl achlysur. Safai Tom yn y fynedfa a'r ffreipan yn ei law, gan obeithio y câi bysgodyn i swper. O dan y grât tân roedd ganddo dwll i ddŵr y môr ddianc 'nôl i'r traeth tra yfai ei gwsmeriaid gan groesi eu coesau fel teilwriaid ar ben y bordydd.

Ond roedd gan y beirdd ystafell fechan arbennig a hatsh i dderbyn rhagor o'r medd o'r bar. Ac roedd 'aroma beirdd y rŵm bach', ar eu storïau, eu barddoniaeth a'u hymarweddiad cymdeithasol.

Alun oedd y patriarch, y llywydd, neu'r prif gymeriad. Ymhlith y nythaid oedd T. Llew, Dic Jones, y Capten Jac Alun a Donald Evans. Cyfarchai pawb ei gilydd yn yr ail berson ('chi'). Roedd fel petai'r parch a oedd gan bawb at ei gilydd yn rhan o éticet naturiol y gymdeithas. Byddent yn dangos eu barddoniaeth eu hunain i'w gilydd ac yn ei thrafod. Hoff sylw Alun am ddarn crefftus oedd, 'Ma' sŵn *dibs* fan hyn!' Hynny yw, sŵn arian a gwobr. Tueddai'r Capten gadw ei englynion gorau'n agos i'w frest tra darllenai y rhai gwanaf yn gyhoeddus. Byddai'r sylwadau'n ffraeth iawn, ac ambell i ddadl yn gorboethi gan beri i ambell aelod fynd adref yn gynnar.

Ym mrig tymor yr haf a'r cynaeafu ac weithiau ar noson arw yn y gaeaf dôi'r nythaid allan i'r 'bar cyhoeddus' i gynnal noson o hwyl – noson lawen. Roedd gan y Capten Jac Alun lond cist o straeon am ei yrfa ar y môr, a rhai arbennig os oedd llawer o *greenhorns* yn y gynulleidfa. Gydag Alun, Llew, Dic a Donald a ffrindiau ar yr ymylon yn porthi, mwynhawyd y talent rhyfeddaf. Nid oedd llawer o ganu, dim ond cyfaredd y cyfarwydd.

Un o storïau y 'Capten' oedd am y pelican a welodd yn pysgota ar ddyfroedd tawel ger yr Everglades yn Florida. Daliodd yr aderyn lysywen fawr a chododd i'r awyr yn gysgodlun hardd yn erbyn machlud haul trofannol. Ond llyncodd y llysywen yn hytrach na'i chadw yng nghwd ei big. Dilynodd y Capten lwybr yr aderyn i fyny i'r entrychion. Y funud nesaf ymddangosodd y llysywen allan o ben ôl yr aderyn. Roedd bron llathen o hyd a phlymiodd tua'r môr. Ond disgynnodd y pelican ar ei hôl, ei dal yr eilwaith a'i llyncu'n iawn y tro hwn. Âi hyd y llysywen yn fwy yn ôl y gymeradwyaeth.

Fel rhan o gynllun diweddar ar drywydd Dylan Thomas oddeutu Ceinewydd a'r ardal mae plac ohono i'w weld ar fur allanol y Pentre Arms. Bu i Dylan a chyfaill ymweld â'r dafarn pan oedd Tom Jones yn berchen arno. Wedi cynnig gwasanaeth iddynt, aeth Tom allan am ennyd i dapio casgen arall yn y sgubor. Pan ddychwelodd, roedd y ddau'n eu helpu'u hunain i'r chwisgi – tu ôl i'r bar. Cydiodd Tom yn y ddau yn eu tro a'u taflu'n bendramwnwgl fel byrnau gwellt allan drwy'r drws. Dyna'u clod hwy. Trueni hefyd nad oes plac i'r nythaid o feirdd lleol a fynychai'r Pentre'n gyson, a'u hawen ffraeth.

Cyfansoddodd T. Llew soned drawiadol i 'Garreg Bica Llangrannog':

> Rwyt yma yn dy gwrcwd fel hen wrach
> Yn swatio a myfyrio ym min y lli;
> Hacrach na phechod wyt, â chyndyn grach
> O gen a chregyn dros dy wyneb di.
> Ond mae i ti gadernid nas medd cnawd,
> A thragwyddolder nas medd pethau'r byd,
> Ac er i'r myrdd drycinoedd boeri'u gwawd
> Ar dy esgeiriau, cadarn wyt o hyd.
>
> Fe deimlaist hafau'r oesoedd ar eu hynt
> Yn lapio eu gwresowgrwydd am dy war,
> Bu'r gaeaf hefyd – â'i gynddeiriog wynt
> Yn hyrddio'i ewyn eira dros y bar.
> O'th gylch chwaraeodd, trwy'r canrifoedd deir,
> Heb blantos oes yr ogo' – ac oes y ceir.

Yn ôl y chwedl y tu ôl i'r enw, brasgamodd y cawr Pica dros arfordir de Ceredigion gan ddioddef yn ddirfawr o'r ddannodd. Yn ei gynddaredd, rhwygodd y 'dant drwg' o'i enau a'i daflu i'r môr. Dyna yw Carreg Bica!

Ac wrth ddarllen darn arall o farddoniaeth T. Llew, 'Traeth y Pigyn', mae llawer yn credu mai traeth Llangrannog oedd yr ysbrydoliaeth i weledigaeth y bardd.

Wrth syllu 'nôl at Ben Rhip o ogof fawr traeth Llangrannog, fe welwch dŷ mawr uchel ar ei ben ei hun, sy'n fy atgoffa i o'r Bates Motel yn ffilm enwog Alfred Hitchcock, *Psycho*. Ger Ogof yr Halen, islaw Craig-y-Don, y daethpwyd o hyd i'r 'corff ar y traeth', yn nofel dditectif T. Llew Jones o'r un enw a gyhoeddwyd gyntaf yn 1970. Er mai ym mhentref dychmygol Llanfadog y lleolir y stori, mae T. Llew yn cynnwys enwau, mannau a phobl leol, megis Y Ship, Capten Bowen Y.H., Craig-y-Don, Angorfa, Doctor Davies, a Chraig-y-Forwyn.

Ac ar yr un darn tywod ar lain galed wedi ei pharatoi gan y llanw a'r trai, fe chwaraeais i yn erbyn yr arch gricedwr, T. Llew Jones. Câi ei gydnabod fel troellwr llaw chwith sgilgar. Roedd yn hynod o gystadleuol, hyd yn oed mewn gêm ar y traeth. Twyllai'r batwyr gan ei amrywiaeth o beli, gan gynnwys ei 'Chinamen' cuddiedig. Ni allwn ei ddarllen!

I'r cerddwyr iach ac ystwyth, beth am ddychwelyd i Wersyll yr Urdd dros lwybr yr arfordir a heibio Ynys Lochtyn, traethau'r Ynys, y Garclwyd a Chefncwrt. Yn y pellter mae Ben Foel Gilie, Cwmbwrddwch yr Hirallt a'r clogwyni yn cyfeirio at Gwmtydu a Cheinewydd. Dros ysgubiad y bae fe welir Pumlumon, Cadair Idris, y Rhinog, Eryri, yr Eifl ac Ynys Enlli ar ddiwrnod clir. Ac mae'r cyfan yn rhad ac am ddim.

Taith 3

1. Pontgarreg
2. Capel-y-wig

Cei Newydd

A486

Llangrannog

2
1 B4321

B4334

A487   B4334   A486

B4338

B4571   B4459

Pontgarreg ➻ Capel-y-Wig

Mae'r daith o Bontgarreg i Gwmtydu yn addas i gerddwyr hamddenol, i foduron neu fws mini.

Wrth adael Pontgarreg ar y B4321, trowch i'r chwith ymhen 100 metr wrth ddringo tuag at Bentre-gât. Ar y ffordd gul fe ddowch i Gilygorwel, cyn-gartref Isfoel a'i deulu. Dilyn crefft gyntaf dynolryw a wnâi yn y Cilie, er iddo fod yn felinydd a llifiwr yn Felin Huw ac yn of hefyd. Hyd heddiw, gwelir ei waith crefftus ar gatiau a drysau'r ardal.

Fel y gwelwch, mae Cilygorwel wedi ei anwesu mewn ffurf pedol, y tro sy bron ag amgylchynu'r tŷ a'r adeiladau. Bu llawer o ddamweiniau ar y tro rhwng moduron dieithriaid. Heb gymorth oddi wrth y Cyngor Sir, gosododd Isfoel ddau arwydd y naill ben a'r llall i'r tro – 'Y Tro Peryglus', ac mewn

◇ *Adeiladau a mynwent Macpelah, Capel-y-Wig, lle claddwyd T. Llew a'i wraig Margaret Enidwen.*

cynghanedd sain hyfryd, 'Y Cornel Tawel Tywyll'. Arafai'r gyrwyr i ddiseiffro'r iaith ddieithr ac ni chafwyd yr un ddamwain byth wedyn.

Defnyddiai T. Llew lawer o hanesion Isfoel a gawsai o ddarllen ei ddyddiaduron ac fel golygydd y gyfrol *Cyfoeth Awen Isfoel*.

Wrth adael Cilygorwel, sylwch ar y cerflun o'r Forwyn Fair yn yr hen ffynnon ar ochr dde y ffordd. Mae wedi ei goleuo yn yr hwyr. Wrth ddringo i Gnwc y Bando ar y chwith mae llwybr troed y ddôl lle safai Dolgou Fach, cartref y Capten John Rees a lle ganed ei ferch, Sarah Jane (Cranogwen). Ewch yn eich blaen nes dowch i Ben Pedair Lôn, ac ar y chwith fe welwch:

> Sgwâr adail cysegredig – a godwyd
> gan gedyrn deheuig,
> yn falchder coed a cherrig
> 'Pa le fel Capel-y-Wig?'
>
> Alun

Adeiladwyd Capel-y-wig yn 1813 ac fe'i hadnewyddwyd yn 1848 ac 1926.

MACPELAH

Mae mynwent Macpelah bron yn llawn ac yn lle difyr a diddorol i ddarllen yr arysgrifen a welir ar y cerrig beddau. Maent yn frith o gyfeiriadau at y dreftadaeth forwrol a bywyd a hanes y fro. Gwelir amrywiaeth cyfoethog o gwpledi, dyfyniadau ac englynion cofiadwy. Mae lle i barcio ar y ffordd lydan gyferbyn â'r capel.

Ar waelod y llwybr troed tarmac sy'n ymestyn o'r mynediad, yn ail yn y rhes gyntaf, gwelir gorffwysfa T. Llew Jones a'i wraig Margaret Enidwen.

Er cof annwyl (am Margaret Enidwen)
28-03-2002

Aeth mam dyner i'r gweryd
A gwraig fwyn dan garreg fud. (T.Ll.J.)

Gyda'i englyn ar fur Bwlchmelyn, man geni T. Llew,
a'r englyn isod ar ei garreg fedd, mae Dic Jones wedi
cyfannu dechrau a diwedd bywyd ei gyfaill agos.

Yma rhwng galar a gwên – yn erw'r
        hiraeth nad yw'n gorffen;
    wylo'n ddistaw mae'r awen
    uwch olion llwch eilun llên.

Dic Jones

Mae gweddillion T. Llew a'i wraig yn gorwedd
ymhlith llawer o gofebion teulu'r Cilie. Yma
gorwedd Jeremiah a Mary Jones (y patriarch a'r
fatriarch), Fred, Marged, Tom, Isfoel, Ann, Esther,
Mary Hannah, Siors ac Alun Jeremiah. Mae
gorffwysfa olaf Myfanwy, un o'r chwiorydd, ym
mynwent Bethabara, ger Ffynnon-groes; S.B. ym
mynwent Glynarthen, a John Tydu, ymhell i ffwrdd,
mewn coedwig ger Sultan yng ngogledd talaith
Ontario, Canada.

Wedi ymadawiad Alun Jeremiah Jones, cododd
penbleth ynglŷn â'i feddargraff. Daethpwyd i'r dewis
cywir ac addas oherwydd diffuantrwydd hiraeth
y geiriau, ac am mai eiddo Alun oeddynt, daeth
y cwpled enwog i 'Moss' yn naturiol i'r brig ac yn
gymwys ar gyfer Alun Jeremiah hefyd.

Unig yw'r Cilie heno
Mae'n wag heb ei gwmni o.

Hefyd mae cwpledi eraill o waith T. Llew yn y fynwent:

Esther

Mae'r hwyl dan glo marwolaeth
A phridd ar y parabl ffraeth.

Tydfor

Ni holaf pam yr wylwn –
    Mae un hoff dan y maen hwn.
A'r rhamant gynt a'r hiwmor
Yn dawel dan ddirgel ddôr.

Mae direidi a natur gellweirus Isfoel yn parhau hyd yn oed o'i orffwysfa olaf. Gofynnodd am gael ei gladdu ar lechwedd ar ochr bellaf y fynwent er mwyn cadw ei draed yn sych pan groesai i'r ochr draw!

Un o hoff straeon T. Llew am Isfoel oedd am ei ddyddiaduron gan fod Isfoel wedi nodi manylion ei gynhebrwng ef ei hun ynddynt; yn wir roedd wedi nodi rhestri o'r arch-gludwyr, stiwardiaid a'r gwragedd i weini yn y festri. Ond bu Isfoel fyw'n hwy na'r disgwyl, a chroesai'r enwau allan fel yr âi'r blynyddoedd yn eu blaen. Erbyn y diwedd doedd ond un enw ar ôl ar y gwaelod: 'Wyn Lloyd (hebryngwr), i wneud yr arch, os bydd e byw'.

Fel y gallech ddisgwyl roedd ganddo englyn i'w osod ar ei garreg fedd, un a enillodd y wobr yn Eisteddfod Llanuwchllyn, Llungwyn 1957 a Gwyndaf yn beirniadu.

Yn y llwch gynt y llechais – oddi arno
    am ddiwrnod y rhodiais;
'Llwch i'r llwch', clybûm y llais
I'w chwalu a dychwelais.

GEIRIAU A CHATALOGS

Wrth adael Capel-y-wig a mynwent Macpelah dychwelwch i Ben Pedair Lôn a dilynwch y cyfarwyddiadau i gyfeiriad Ceinewydd. Ymhen hanner canllath trowch i'r chwith i gyfeiriad Cwmtydu (ar y mynegbost) ar Bont-y-Rhyd. Mae'r ffordd yn gul a throellog, a chloddiau uchel y naill ochr a'r llall. Yn fuan dowch i dyddyn Troedrhiwfach. Yng nghyfnod teulu'r Cilie trigai William ac Elen Lloyd (Ledi Elen, chwedl Isfoel) yno wedi iddynt symud i fyny o Felin Huw, Cwmtydu. Yno roedd William yn un o ddeiliaid y Cilie, yn felinydd ac yn uchel ei barch fel gweithiwr dyfal.

Aeth dau o blant Troedrhiwfach i'r môr a boddwyd Daniel Lewis yn Bilbao, ar ei fordaith gyntaf. Bu Annie yn forwyn ffyddlon a gweithgar yn y Cilie, ond arhosodd Beti ar yr aelwyd yn Nhroedrhiwfach. Oherwydd gwreiddioldeb a geirfa Beti, dangosodd T. Llew Jones ddiddordeb mawr yn ei hiaith. Defnyddiai eiriau fel 'diharpo', 'gethern', 'drabetsi', 'trotshen' (clawdd prifet), 'capîcs' a 'sbondiwlics' (arian). Er enghraifft:

'Pryd welest ti Jones ddiwetha? Mae wedi diharpo [gwelwi].'

'Paid ti â chymysgu 'da'r hen gethern [rapsgaliwns] 'na.'

'Faint dalest ti am yr het 'na? Sawl capîc oedd hi?'

'Mae digon o sbondiwlics [arian] 'da hwnna'n y banc!'

Wrth ei benelin yn ei lolfa yn Nôl-nant cadwai T. Llew lyfr arbennig. Ynddo cofnodai hen eiriau Cymraeg nas defnyddid bellach ac roedd llawer o eiriau Beti ynddo.

Un tro, daeth yr enwog D. J. Williams, Abergwaun i'r Cilie. A phwy oedd ar y clos ar y pryd ond William Lloyd. Gofynnodd Isfoel:

'Dere 'ma. Wyt ti'n nabod y dyn 'ma? D. J. Williams o Abergwaun yw e.'

Ac meddai William: 'Na, sa i'n ei nabod e. Ond mae llond tŷ o'i gatalogs e gyda ni gartre.' Roedd T. Llew yn hoff iawn o'r stori honno.

CWM CILIE

Ymlaen â chi tuag at Barc-y-pwll. Ar y tro nesaf mae llwybr troed swyddogol yn arwain i Gwm Cilie. Yn anffodus, nid yw'n bosib mynd heibio Glandŵr i Felin Huw ar hyn o bryd, ac rhaid dringo 'nôl ar ei hyd i Benrhiwrhedyn. Ymhen canllath dowch i gyffordd ac fe'ch arweinir i gyfeiriad Cwmtydu. Ymhen hanner milltir mae heol breifat ar y chwith sy'n arwain i'r Gaerwen, fu'n gartref Tom, Esther, Sioronwy, Hettie a'r enwog Tydfor yn eu tro. Gallwch weld y Gaerwen o lwybr yr arfordir.

Gŵr swil oedd Sioronwy (Siors) a'r degfed o giwed y Cilie. Roedd yn wreiddiol ac yn wahanol iawn i'w frodyr a'i deulu – yn wir, yn wahanol i bawb. Ni ddilynai rigolau y cloc; byddai'n byw yn ôl yr haul.

Credai fod gwleidyddion yn creu rhyfel er mwyn gwneud elw mawr a chadw'r werin yn dawel drwy greu gwaith iddynt – er mai gwneud arfau yr oeddynt.

Roedd T. Llew yn hoff iawn o fynd draw i Gaerwen i weld Sioronwy a'r teulu. Rhannai fwgyn gydag e. Dan het uchel Americanaidd yr olwg, cysgodai'r aeliau trwchus, y llygaid byw a'i wyneb barfog. Ysmygai yn aflêr iawn gan gadw'r sigarét yn ei geg trwy'r amser tra disgynnai'r lludw dros ei frest. Gwnâi'r stumiau rhyfeddaf wrth bwffian gan drafod ei farddoniaeth. Weithiau, byddai'n gadael y gwaith yn ddisymwth ac yn mynd i'r sgubor lle'r oedd ganddo harmoniwm fach. Medrai ei chwarae'n gelfydd, a'i draed elyrch yn ddom i gyd.

Hoffai T. Llew eistedd ar y sgiw dan lwfer y simne fawr a mwynhau sgwrs a sigarét. Byddai'r sgwrs yn troi o gwmpas gwleidyddiaeth, athroniaeth, bywyd yr ardal, natur a'r tymhorau, barddoniaeth a hanes y teuluoedd. Gofynnodd T. Llew iddo unwaith beth oedd ei syniad am fywyd tragwyddol.

'Wel, mi ddweda i wrthoch chi. Byddai byw am byth yn codi dychryn arna i.'

Nid aeth o olwg cyrn simneiau'r Cilie gydol ei oes. Roedd y Gaerwen yn gweddu i'r dim iddo. Lle bach digonol i gadw un dyn a'i deulu a lle tawel o gyrraedd y byd a'i ffws a'i fwstwr.

Dywed T. Llew, 'Ni chredaf iddo glywed am syniadau Thoreau, ond fe gredai ynddynt yn reddfol ac fe fu byw yn naturiol y bywyd syml.'

Roedd Hettie ei wraig yn gymeriad unigryw ac yn haden a hanner! Roedd yna hynodrwydd personoliaeth yn perthyn i Hettie, ond hefyd calon fawr a charedigrwydd y tu hwnt i unrhyw haelioni cyffredin.

Yn nhawelwch gwledig Gaerwen, roedd enaid synhwyrus Sioronwy mewn cytgord clòs ag elfennau craidd byd Natur – cân yr ehedydd, cri'r gwylanod, blodau'r eithin, dawns y gornchwiglen, y petris a phanorama'r machludoedd yn ei gynefin. Meddai T. Llew am Sioronwy, 'Un peth sy'n drawiadol wrth ddarllen ei ysgrifau yw yr aml gyfeiriadau at Tydfor, ei fab. Y mae'n amlwg iddo dreulio rhan helaeth o'i amser yn rhoi addysg a hyfforddiant i'w fab, yn arbennig mewn llên ac amaethu. Tybiaf y byddai Sioronwy, a roddodd ei holl fywyd i wneud y pethau bychain oedd o fewn ei gyrraedd yn ei filltir sgwâr, yn hapus o wybod fod Tydfor wedi cyfoethogi ei fro â'i ddawn fel arweinydd noson lawen, beirniad eisteddfod, digrifwr, cerddor a bardd.'

A choffawyd Siors gan T. Llew Jones yn yr englynion canlynol:

> Hen lenor mwya'i linach – a gro'r Wig
> Ar ei raen byth mwyach,
> A'i Awen, na fu'i hoywach,
> Dan ddi-ystŵr bentwr bach . . .

> Af yr haf i rodio'r fro – uwch y môr
> Ni cha' i mwy mo'r croeso;
> Chwilio'r graig uchel a'r gro,
> Heb ei gael, er pob gwylio.

> Troi ymaith wedi'r tramwy – heb ei weld,
> At y bedd diadwy;
> O'i lawr mud, ni chlywir mwy
> Lais yr annwyl Sioronwy.

MOSS Y CI DEFAID

O ben lôn Gaerwen, medrwch weld cyrn simneiau ffermdy'r Cilie o'ch blaen, golygfa gofiadwy i lawer o'r teulu a ffrindiau. Wrth agosáu, daw lôn gert Cwmsgôg i'n cyfarfod ar y dde, sy'n arwain i'r cwm ac at furddunod yr hen fythynnod lle trigai deiliaid y Cilie. Ychydig cyn dod at y llyn ar y chwith, roedd 'gardd Eden' y teulu a'r ffald i ddal y domen fawr. Cofir am y llyn fel argae i ddal cyflenwad o ddŵr i'r

43

anifeiliaid ac i'r rhod ddŵr. Trwy wasgu pedal, codai casgen i wyneb y llyn a chlywid y dŵr yn rhuthro trwy'r binfarch at bwll y rhod oedd mewn cae bach ger y berllan. Ymlwybrai'r werthyd dan ddaear, ac ar draws y clos lle roedd 'differential gears' o wneuthuriad Isfoel i'w arwain draw i'r sgubor. Hefyd roedd y llyn yn fan cysegredig oherwydd yno y cyflawnwyd 'euthanasia' ar Moss, ci defaid enwocaf y Cilie. Roedd y ci'n ddall, yn fyddar ac yn fusgrell yn ei hen ddyddiau. Diflannodd Alun am y dydd a chyflawnodd Jâms Morgan, cymydog, y weithred anodd a thrist.

Roedd hanes Moss yn un o ddarlithiau enwocaf T. Llew Jones. Medrai Moss gyfri, roedd ei din yn goncrit o 'shots' oherwydd annel wael S.B. a'i ddryll, ac un tro aeth i chwilio am ddafad golledig ar y ffordd i'r mart yn ardal Ffostrasol. Yn ôl Alun: 'Dychwelodd â dafad. Ond dwi i ddim yn gwbod hyd heddiw ai dafad y Cilie oedd hi'.

Taith 4

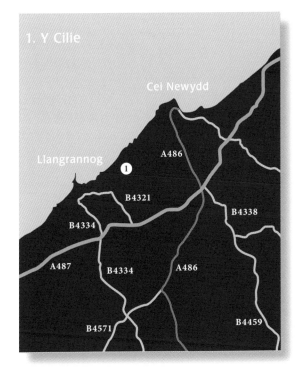

Y Cilie

Erbyn heddiw, y pedwerydd adeilad a adeiladwyd yn 1936 yw'r ffermdy unig ar y clos, sy'n edrych allan o gymeriad braidd. Dyma'r Cilie. Dymchwelwyd rhan o'r hen dŷ, rhannau o'r gweithdy, y 'coach house', y llofft uwchben lle cysgai'r bechgyn a'r gweision, a'r stâ'r i fynd i'r storws.

Medd englyn trawiadol Gerallt Lloyd Owen a gyfansoddwyd mewn talwrn yn Eisteddfod Genedlaethol Aberteifi, 1976:

> Mynnaf nad fferm mohoni – ei hawen
> Yw'r cynhaeaf ynddi;
> A blaenffrwyth ei thylwyth hi
> Yw y grawn geir ohoni.

Heddiw, mae'r fferm neu'r 'continent' 300 erw yn eiddo i Ymddiriedolwyr Tlodion Sir Benfro, ynghyd â thiroedd eraill yn y broydd. Prynwyd yr eiddo gan un Dr John Jones (1650–1698), Tyddewi a Lawrenny ond bellach cwmni o gyfreithwyr sy'n gweinyddu'r stad. Talai Jeremiah Jones rent o £85 y flwyddyn yn 1888.

Bu gwarchodaeth barhaus Jeremiah Jones a'r disgynyddion ar draddodiad y canu caeth yn un hanesyddol a phwysig. Fel y canodd Donald Evans:

> Yn ei hôl aeth ffynnon iaith
> O Gilie i'r graig eilwaith
> Nes treiddio eto'n ddi-wall
> O lawr rhyw Gilie arall.

A dywed ymhellach: 'Oni bai am waddol englynion caled y cyfarfodydd tafarn, baledi geirwon yr eisteddfodau bach a cherddi clogyrnog yr eisteddfodau mawr y tu ôl iddi, ni fyddai Dic Jones wedi bod mewn sefyllfa o gwbl i ganu ei ddwy awdl fawr – "Cynhaeaf" a'r "Gwanwyn"'.

Ganwyd wyth o'r plant yn Efail Blaencelyn ar Fanc Elusendy, a'r pedwar arall yn y Cilie. Aeth Fred a Simon i'r Weinidogaeth a bu bron i ddau arall gael eu rhwydo. Roedd y Parch. Fred Jones yn un o sylfaenwyr Plaid Cymru, ac enillodd S.B. goron y Genedlaethol yn Wrecsam (1933) â'i bryddest 'Rownd yr Horn', a'r gadair yn Eisteddfod Genedlaethol Abergwaun (1936) am ei awdl 'Tŷ Ddewi' gan guro ymdrech Waldo Williams a ddaeth yn ail.

Medrai chwech o'r bechgyn gynganeddu ac amlygwyd ddawn gerddorol drwy'r teulu cyfan. Roedd Ann yn athrawes sol-ffa, yn gyfeilydd yng nghysegr Capel-y-wig ac yn arweinydd ar ddau gôr.

Ymddoddodd T. Llew i mewn i groeso cynnes a chymdeithas Awen y Cilie yn naturiol ac yn ddiffwdan. Roedd eisoes wedi dysgu rheolau cerdd dafod ei hunan a thrwy Ysgol Farddol Dewi Emrys, ac wedi ennill llawryfon eisteddfodol ar hyd a lled y wlad. A phan briododd â Margaret Enidwen nid oedd eisiau fisa na phasport yr Awen. Sefydlwyd 'Cwrdd Trafod Cyfansoddiadau'r 'Steddfod Genedlaethol' yng nghegin y Cilie. Wrth iddo ehangu, symudwyd i ystafell ffrynt y Cilie a elwid yn 'Siberia' oherwydd anaml iawn y cyneuwyd tân ynddi. A phan ymunodd Waldo, Gerallt, Tydfor, Jac Alun, Dic, Donald, Fred ac eraill, gan gynnwys T. Llew, symudwyd y lleoliad i festri Capel-y-wig ac i

Neuadd Goffa Pontgarreg. Daeth beirdd Ffair-rhos, Jacob Dafis, beirdd y Preselau a'r beirdd ieuainc i chwyddo'r aelodaeth. Cymerodd T. Llew drosodd fel llywydd, ac yn wir, symudodd y llys ymhellach i Gaffi'r Emlyn yn Nhan-y-groes, lle y'i cynhelid hyd heddiw.

Bu Alun yn ddylanwad mawr ar T. Llew, ac yntau ar Alun, yn enwedig ar gystadlu eisteddfodol. Yn wir, Alun oedd athro barddol Dic Jones, yr Hendre.

Yn Awst 1960, daeth teledu â'i baraffenalia i glos y Cilie. Yn ôl Ifor Rees: 'Hon oedd y rhaglen deledu Gymraeg gyntaf i'w gosod ar dâp fideo gan y BBC. Yn Llundain roedd yr unig offer tâp ac roedd ond ar gael i'w ddefnyddio o ddeg o'r gloch y nos ymlaen.

'Rhaid oedd cael *generators* a gofynnwyd i weithwyr y Cyngor Sir ledu'r lonydd i'r Cilie, megis torri'r perthi. Rhaid oedd cael *radio links* a thaflu'r llun i Bencarreg, Cockett, Caerdydd ac yna ymlaen i Lundain.'

Eisteddai S.B., Isfoel ac Alun ar y sgiw, gyda Tydfor, Gerallt, T. Llew a Dic Jones ar y bêls gwellt ac Alun Tegryn gerllaw'r delyn a'r cwbl yn y sgubor.

Yn yr awyrgylch gynnes defnyddiwyd gwn 'Fflit' ar y pryfed gan ffiwsio'r meics i gyd. O fewn ychydig funudau i ddarlledu'r rhaglen, daethpwyd o hyd i feics glân a chyfansoddwyd englyn yn y fan a'r lle:

> Manwfers y bomers bach – a halodd
> Yr hôl lot yn ffradach;
> A 'fflit' wnaeth bethau'n fflatach –
> Aeth meic ar streic, dan strach!

Ar 22 Awst 1966, recordiwyd rhaglen deledu arall i BBC Wales, gydag Ifor Rees yn cynhyrchu, mewn bwthyn yng Nghwm Howni ger fferm yr

Hendre, Blaenannerch. Yr arweinydd oedd T. Llew
Jones a chyflwynwyd y beirdd gan Dic Jones:

> Wrth fy ochr bardd y Goron
> Yn awr ei fri, Dafi'r Fron,˙
> Ac wedyn, Alun Cilie,
> Sy' brins y llys, Byrns y lle!
> Yn y sêt nesa ato
> Gerallt ei nai, gŵr llydan o.
>
> Tydfor ap Siôr, ddansierus – a Donald
>   A dyna ni'n drefnus;
>   Alun Marian diddanus,
>   A'r Llew yn llywyddu'r llys.

Roedd adnabyddiaeth T. Llew o ail genhedlaeth y
Cilie yn cynnwys Isfoel, Siors, S.B. ac Alun, ac yna
Gerallt Jones, Fred Williams, y Capten Jac Alun a
Tydfor o'r drydedd genhedlaeth.

49

T. Llew Jones a ysgrifennodd y rhagair i gyfrol ar
deulu'r Cilie ac mae ei edmygedd a'i barch tuag atynt
yn amlwg iawn:

'Mae'r gyfrol yma'n rhoi hanes un o'r teuluoedd
mwyaf nodedig a fu'n byw yn y Gymru Gymraeg
erioed, sef Teulu'r Cilie. Roedd e'n deulu mawr
o ddeuddeg o blant, pump o ferched a saith o
fechgyn, i gyd yn epil y gof a'r bardd Jeremiah Jones
a'i wraig Mary. Etifeddodd y bechgyn, a rhai o'r
merched i raddau llai, ddawn barddoni Jeremiah'r
Gof, a chawsant i gyd dyfu yn sŵn cynghanedd,
cân ac englyn ar aelwyd tŷ'r efail ym Mlaencelyn i
ddechrau, ac yna ar aelwyd ac ar gaeau helaeth fferm
y Cilie.

---

* Dafydd Jones, Ffair-rhos

'Bu beirdd y Cilie yn canu am ganrif gyfan,
o Jeremiah hyd at Alun, y cyw melyn olaf, gan
gyfoethogi barddoniaeth ein gwlad yn helaeth.
Daeth y saga i ben gyda marwolaeth Alun ar
1 Mawrth 1975. Fe fydd eu cerddi byw tra bo'r iaith
Gymraeg.'

Roedd yr aelodau lliwgar ymhlith teulu'r
Cilie wedi apelio'n fawr at T. Llew. Bu'r rhain, yn
enwedig Alun, Isfoel a Sioronwy, yn gyfrwng cyfres
o ddarlithiau yn lleol, trwy Gymru gyfan, ac ym
Mhabell Lên yr Eisteddfod Genedlaethol. Ac yn
Aberteifi yn 1976 bu T. Llew yn darlithio ar deulu'r
Cilie yn y Babell Lên am ddau ddiwrnod! Roedd yn
barod i wneud tridiau ohoni. Roedd dylanwad y 'Tyl'
yn drwm iawn ar T. Llew.

Taith 5

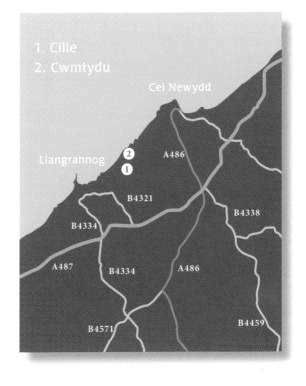

1. Cilie
2. Cwmtydu

Cei Newydd

Llangrannog

A486

B4321

B4334

B4338

A487

B4334

A486

B4571

B4459

Cilie ➤ Cwmtydu

Wrth ddisgyn o'r Cilie ar yr heol gul tua Penrhiw-rhedyn a Chwmtydu, sylwch ar y borfa sy'n tyfu ar hyd ei chanol. Nid y prysurdeb a fu sydd yma bellach, a hawdd iawn yw dychwelyd i ddechrau'r ganrif ddiwethaf a thu hwnt pan oedd ceirt a gamboau yn cario'r gwenith i Felin Huw. Dychmygwch y llethrau yn ddi-goed ac yn rhwd o dan y rhedyn. Lawr ar waelod y cwm roedd deiliaid y Cilie yn byw mewn bythynnod unllawr deupen. Yno, lle roedd y Bothe a'r Dewi yn ymuno mewn llif cariadus, roedd y töwr, y dadlwythwr llongau, y teiliwr, y cowper, y crydd, y saer, y gwehydd a'r gweision ffermydd yn byw. Ond rhyngddynt a Jeremiah Jones roedd perthynas glòs iawn. Y Cilie oedd canolbwynt y gymdeithas wledig, gydweithredol, ac roedd y ddwy elfen yn dibynnu ar ei gilydd.

Un o hoff ganeuon T. Llew oedd 'Fy Nymuniad' o waith Isfoel. Hiraethai T. Llew, fel yr awdur, am y gymdeithas ddelfrydol – tuag at ddagrau – bob tro y'i clywais yn ei ddarllen. Mae'r gân yn llawn diffuantrwydd, cellwair a hiraeth:

> Mi hoffwn cyn ffarwelio
>> Gael mynd ar hwylus hynt.
> I rodio dros y llwybrau
>> A gerddais filwaith gynt;
> Trwy Lôn Cwmsgôg dan chwiban
>> I'r culion, hen rodfeydd,
> Ac eistedd am brynhawnyn
>> Ar fronnydd Beti'r Gweydd . . .

Os af i byth i'r nefoedd,
    Fel rwyf yn sicr y caf,
Cans yno mae 'nghyfeillion,
    I mewn i'w plith yr af;
Mwynhau yr hen amgylchoedd
    A'r hyfryd olygfeydd,
A chwilio lle i eistedd
    Wrth ochor Beti'r Gweydd.

Bydd Shincyn Lewis yno
    I'm tywys ar fy hynt,
A'i gyngor a'i orchymyn
    Fel yn y dyddiau gynt.
Y crydd a Siencyn Penplas,
    Plasbach a phawb ynghyd –
Y darlun eto'n gyfan
    A'r fedel yno i gyd.

Ac fel lloerennau o gylch y blaned Cilie roedd Dôl-y-mêl, Aberdauddwr, Cwm-sŵn-y-gog a Chwm Coch.

Meddai Isfoel eto, 'Yn eu hanheddau roedd un gwely yn y gegin yn ddieithriad, un ffenestr, a honno tua deunaw modfedd sgwâr fel rheol. Roedd y llawr wedi ei wneud o bridd, calch a gwaed ychen, seld yn llawn o blatiau a siwgiau hen ffasiwn, cloc tad-cu wyth niwrnod mewn ambell fan, neu gloc diwrnod o'r un patrwm. Sgiw, ffwrn wal wrth erchwyn y gwely, stôl deircoes neu ddwy a phlocyn i wasanaethu fel stôl, ac efallai stôl freichiau a stôl odro.

'Islaw, a thua Cwmtydu, medrwn ychwanegu Cwmgwybed, Glanmorllyn, Drewynt, Nyth-y-gwynt, Hen-felin, Troedrhiw Gaerddu, Dolfelin a Glandŵr.

'. . . yr oedd gwely arall yn y "penisha", neu y
siambr, ac yno byddai'r merched yn cysgu a'r dowlad
i'r crytiaid. Nid âi gwraig y tŷ byth o olwg y tân,
na'r tân o'i golwg hithau. Y peth diwethaf a wnâi
bob nos oedd stwmo'r tân (enhuddo). Tân cwlwm a
gadwai'r gegin, a'r tŷ i gyd yn wir, yn gras a chynnes,
ac yn gynnar yn y bore cyntaf fe godai o'i gwâl,
brathu'r pocer i ganol y stwmpyn a gosod y tegell
ar ben y twll. Hyhi fyddai yn yr erchwyn, er mwyn
hwylustod felly, a châi'r gŵr ei roi yn ddiseremoni
wrth y pared. Byddai tua phump ar hugain yn
tramwyo dros y llwybrau igam-ogam bob Sabath o'r
cymoedd hyn i fyny i Gapel-y-wig.'

Ac ar lawr y cwm gyferbyn â'r bythynnod roedd
Dôl-nant – cartref Deio'r Crydd – un o ddeiliaid y
'continent', 300 erw. Nid rhyfedd i T. Llew ddewis
'Dôl-nant' fel enw ar ei fyngalo 'Woolaway' newydd
yn Heol y Beirdd, Pontgarreg. Uniaethai ei hun â'r
cysylltiadau a'r ffordd o fyw yng Nghwmsgôg y Cilie.

Mae barddoniaeth Isfoel, Siors, Simon, ac
yn enwedig Alun, yn frith o hiraeth am y tir, yr
anheddau bychain a'r cymeriadau gwreiddiol a geid
yn y gymdeithas werinol glòs o gylch y Cilie gynt:
Mae 'Y Murddun' yn enghraifft wiw:

> Gwâl y niwt lle bu'r piwter – bwganod
>   Lle bu gwên a hoffter;
>   Y llwch lle bu'r gannwyll wêr,
>   A drysu lle bu'r dreser.
>
> Yr hen ddrws dan glo'r iorwg – anialwch
>   Lle bu Nel a'r bilwg;
>   Dim tân mawn, dim to na mwg,
>   A'r gwaliau pridd o'r golwg.
>
> Alun

Ond mae mwy i'r hen gwm na hiraeth. Mae disgynyddion yr hen werinwyr wedi rhannu llwyfan a phenawdau â rhai o bobl enwocaf y byd.

Un o ddisgynyddion teulu bwthyn Aberdauddwr oedd y Parchedig Evan Williams Ph.D., a raddiodd yng Ngholeg Crist, Rhydychen. Roedd yn offeiriad, rheithor a darlithydd yn Encino, California. Ymfudodd ei ewythrod i'r wlad yn llifeirio o laeth a mêl yn yr 1880au, ac ef a wahoddwyd i gymryd gofal o wasanaeth angladdol neb llai na Walt Disney. Pan fu farw'r gŵr enwog hwnnw, roedd Disneyland arall ar fin agor, ac felly cuddiwyd y newyddion am ei farwolaeth rhag i gyfranddaliadau'r cwmni ddisgyn yn eu gwerth. Pan oedd yr amser yn iawn i'r farchnad arian, cynhaliwyd y cynhebrwng dan arweiniad un â'i wreiddiau yn ddwfn yng Nghwm Bothe, Cwmtydu.

Yn rhyfedd iawn, bu gŵr arall a'i wreiddiau yntau ymhleth â bro Cwmtydu yn gysylltiedig ag achlysur tebyg. Rhoddwyd angladd dinesig i Winston Spencer Churchill, yr un cyntaf o'i fath i ddyn cyffredin ers angladd Dug Wellington a Horatio Nelson. Cludwyd ei arch drwy strydoedd Llundain wedi'r gwasanaeth yn Abaty Westminster, a thros afon Tafwys cyn ei gludo ar drên i Swydd Rhydychen. Gerllaw Marlborough, plas enwog tylwyth Churchill, roedd y Parchedig John James yn ficer ar eglwys y plwyf yn Bladon. Fe'i gwahoddwyd i gynnal y gwasanaeth pan roddwyd gweddillion y gŵr enwog i orffwys ym mhridd ei gyndeidiau ym mynwent Bladon. Ac roedd John James yn ŵyr i chwaer Jeremiah Jones, patriarch y Cilie.

PENPARC

Wrth i'r ffordd ddisgyn mae'n ymdroelli fwyfwy
ac yn mynd heibio i furddun Troedrhiwgaerddu lle
trigai Siencyn Lewis, un arall o ddeiliaid y Cilie.

Daw annedd Penparc a'r tai mas i'r golwg. Ar y
chwith mae'r hen gartws sydd wedi ei droi yn dŷ haf,
ac ar ei gyfyl mae iet fawr a hewl lydan yn arwain i
Lwybr Arfordir Ceredigion tuag at yr Hirallt, Banc
Llewelyn, Cwmbwrddwch a Phwll Mwyn cyn gweld
Ynys Lochtyn a Gwersyll yr Urdd yn y pellter. Mae'r
man hwn yn addas iawn i esgyn neu ddisgyn o'r
'Cardi Bach', bws misoedd yr haf sy'n cario teithwyr
o Aberteifi, trwy'r Mwnt, Aber-porth, Tre-saith,
Penbryn, Llangrannog, Cwmtydu a Cheinewydd.

Ymhen canllath dewch allan i gyffordd pont
Penparc a'r heol o Lwyndafydd i Gwmtydu. Yn yr
amser a fu, defnyddid y pwll o dan y bont i olchi
defaid, dan oruchwyliaeth yr heddlu. Mae'n lle
llithrig a pheryglus, felly cymerwch ofal os ydych am
fentro cerdded ar y ddwy wefus a holltwyd o'r graig.
Ar brydiau gwelir bilidowcar yn pysgota yn y pwll
am bysgod a llyswennod.

Trowch i'r chwith tuag at draethell Cwmtydu.
Pe baech am ddychwelyd i gyfeiriad Llwyndafydd,
diddorol fyddai syllu draw at Felin Huw ar y dde
ymhen hanner milltir. Enwyd y felin ar ôl Huw
Dafis, athro teithiol a ffrenolegwr (darllenwr
pennau). Ef a fu'n athro ar Sarah Jane Rees
(Cranogwen) ac ar lawer o drigolion y bro oddeutu
canol y bedwaredd ganrif ar bymtheg.

Ar un cyfnod roedd y felin yn lle prysur iawn.
Mantais fawr oedd cael cyflenwad o ddŵr i droi'r
rhod o gronfeydd dau lyn. Roedd yno odyn hefyd i
grasu'r llafur os byddai'n llaith. Roedd cof gan blant

yr ardal weld y gweithwyr yn hel a chyrchu bonau eithin, onnen a deri o'r gelltydd cyfagos. Yr oedd yno wagr eang wedi ei hadeiladu yn union uwchben y lle tân a gwasgarwyd y grawn ar ei hyd a'i led gan offeryn pwrpasol. Roedd yn lle braf a chynnes dros nos, ac addas i gymdeithasu, i farddoni, i ganu a charu hefyd!

Ni fedrwch weld y môr a'r traeth o Felin Huw oherwydd y tro coes-ôl ci sydd yng ngwneuthuriad y cwm. Ond medrwch glywed y môr.

Fel y dywedir yn *Teulu'r Cilie*, 'Oddeutu'r Felin a'r ffordd sy'n arwain i'r traeth mae'r llethrau wedi eu gorchuddio â choed sycamor ac ynn lle gynt bu'r deri. Fe'u defnyddiwyd i adeiladu llongau ar draeth Cwmtydu. A lle daw'r haul i wresogi'r tyfiant mae gorchudd yr eithin trwy rwd y rhedyn hydrefol.'

Ac wedyn yn *Morwyr y Cilie*, 'Tyf deri preffion a chnotiog o amgylch y dolydd patrymog ar wastadoedd cul y dyffryn, gan warchod carpedi o glychau'r gog, blodau'r gwynt a gellysg. Ac yn dilyn y mannau dyfriog mae clystyrau talsyth o gyll a helyg gwasgaredig. Ar hyd y cloddiau cerrig, gwelir rhubanau o ddrain duon a gwynion a'u blawd o gonffeti yn cyfarch dyfodiad haf cyn dinoethi i dafodau oer wyntoedd y cwm a thrawsnewid yn wrachod hyll.'

I fyny'r cwm gwelir cyfres o furddunod – rhai ohonynt wedi'u troi yn dai haf – Cwm Gwybed, Allt Derw, Spiti a Ffos y Graig.

Yn y Penplas, ger Felin Huw, trigai Ann Jenkins. Cadwai fuwch a gwerthai furum dirwest gan fod pawb yn pobi gartref ac yn defnyddio burum Ann. Codai geiniog am botel laeth lawn.

Ar y chwith mae tŷ urddasol Parc Hall, adeilad a godwyd gan oriadurwr o Lambed o'r enw 'Mr Ifans'. Aeth Dafydd Jeremiah Williams i gasglu gloc ar ran un o wragedd tlawd y cwm.

'Beth yw'r tâl, Mr Ifans?'

A'i ateb, 'Dim byd, 'machgen bach i. Bydd rhywun arall yn talu am hwnna!'

Hynny yw, byddai'n ychwanegu dimau neu geiniog ar ddyledion pobl eraill oedd yn medru talu. Dyna rinwedd y gymdogaeth dda. Cyfeiriai T. Llew yn aml at yr arfer hwn, un o rinweddau gorau'r gymdeithas werinol Gymreig.

Yn yr hen amser, dim ond dau dŷ oedd yng Nghwmtydu. Yn wir, cred rhai mai dyna ystyr yr enw – sef 'Cwm y ddau dŷ', Cwmtydu. Yn ôl coel arall, fe'i henwyd ar ôl sant o Lydaw, Sant Tudy. A beth am gysylltiad Harri Tudur a'i ymweliad â Phlas y Neuadd, Lwyndafydd, ar ei ffordd i Bosworth? Scersli bilîf!

✧ Sianti Siôn y drws nesaf i hen dafarn Glanmorllyn, Cwmtydu, sef tafarn 'Glandon' yn Dirgelwch yr Ogof.

TAFARN GLANMORLLYN A'R 'GLANDON'

Y ddau dŷ gwreiddiol oedd Glandon a Glanmorllyn, lle cedwid tafarn. Yno ar ddiwedd y bedwaredd ganrif ar bymtheg a dechrau'r ugeinfed trigai Capten Enoch Davies a'i wraig. Dywed y Capten Dafydd Jeremiah Williams:

'Roedd Enoch yn ddyn cadarn a gwisgai farf hir, doreithiog fel y dylai hen *Cape Horner* a meistr llongau a chofiaf amdano yn paradan 'nôl a mlaen ar y traeth. Roedd ei lygaid ar y gorwel pell fel petai ei long ar ddyfod i mewn i hafan Cwmtydu. Bu'n gysylltiedig â'r *Mount Stuart*, os nad yn feistr arni; llong fawr enwog ac iddi chwe pholyn [mast]. Cofiaf hefyd am hanes marwolaeth ei wraig mewn amgylchiadau rhyfedd iawn. Yr oedd ar ei phengliniau yn golchi llawr y dafarn un bore pan lewygodd a chwympodd ei phen i'r bwced dŵr – a boddodd.'

◇ *Arwydd tafarn Glanmorllyn, Cwmtydu. Caewyd y dafarn yn 1926 pan yfwyd y lle'n sych gan lowyr de Cymru.*

Hoffai T. Llew ddefnyddio enwau oedd yn lled-agos at y gwirionedd yn ei nofelau ac felly newidiodd enw tafarn Glanmorllyn i 'Glandon' yn ei nofel *Dirgelwch yr Ogof*. Caewyd Glanmorllyn, y dafarn go-iawn, yn 1926 wedi i lowyr o gymoedd y de yfed y lle yn sych! Ar y pryd roedd Isfoel, yn bennaf, wedi sicrhau fod yr heddwas lleol busneslyd, PC Moses Lloyd, wedi mynd allan gyda nhw yn y *Brandon Barrow* i bysgota am fecryll yn yr Atlantig drwy'r dydd.

Yn ôl Alun Ffred Jones, cyfarwyddwr y ffilm deledu *Dirgelwch yr Ogof*, roedd y gwifrau ffôn a thrydan, yr adeiladau cyfoes a'r mur concrit yn amharu ar ddewis traethell a chilfach Cwmtydu fel lleoliad i ffilmio. Dewiswyd Abereiddy yn Sir Benfro a Thraeth y Mwnt fel safleoedd addas a thrawiadol ond defnyddiwyd caeau uwchben Cwmtydu fel cartref haf y teulu Boswell a'r sipsiwn yn y ffilm *Tân ar y Comin*.

Erbyn heddiw, tŷ cyffredin yw Glanmorllyn ymysg anheddau eraill a adeiladwyd dros y blynyddoedd. Ond mae caffi, Sianti Siôn, drws nesaf. Galwch yno am seibiant, croeso a byrbryd blasus; trowch i mewn am sgwrs ac i brofi pice ar y maen Berwyn, maen nhw'n arallfydol.

Taith 6

1. Cwmtydu

Cei Newydd

Llangrannog

A486

B4321

B4338

B4334

A487

B4334

A486

B4571

B4459

Barddoniaeth Cwmtydu

Cwmtydu'r cwmwd hudol – mae'n rhimyn
O ramant naturiol;
Hithau'r heniaith werinol
Yw rhin dysg ei bryn a'i dôl.

Tydfor

Yn ôl Ann, gweddw Tydfor, 'Yn Nolwylan, Cwmtydu ar 2 Medi 1935 y ganed Tydfor – a dyna'r esboniad am ei enw, sef cyfuniad o Tydu a môr'.

Bu'r prydferthwch naturiol a gwyllt oddeutu'r draethell yng Nghwmtydu yn gatalydd i greu rhamant ychwanegol a hwnnw yn ei dro yn destun awen i lawer o'r beirdd lleol.

Roedd T. Llew yn hoff iawn o farddoniaeth Isfoel. Edmygai ei athrylith, ei hiwmor a'i ergydion cyflym a gwahanol. Oherwydd ei ddehongliadau gwreiddiol a phertrwydd ei grefft mae llawer o'i waith yn parhau ar gof a chadw gan y werin. Dyma ddau o englynion Isfoel i Gwmtydu:

Cwm cul, cam, cartre rhamant – a chwmwd
Dychymyg a moliant;
Hen gwm pert ac 'important'
A wyrthiau coeth wrth y cant.

Llannerch ddwyfol ei lluniad – ôl llaw Duw
Pell o dwrw gwareiddiad;
Ni ddaeth rhysedd i'w thrwsiad
Ond ffresni a glesni gwlad.

Canodd ei frawd, John Tydu Jones, dri englyn arbennig yn ei hiraeth, wedi iddo ymfudo i Ganada yn 1904 gan lanio yn Halifax, Nova Scotia, a symud ymlaen i'r 'Prairie Provinces'. Mae'r un cyntaf yn Gymraeg:

> Megis y llin yn mygu – yw'r hiraeth
> yr awron am Gymru;
> tywodyn o Gwmtydu
> yn hollt y rhwyf ydwyf fi.

Defnyddir y ddau englyn o eiddo John Tydu Jones isod i hysbysebu gwyliau yn ardal Llwyndafydd. Maent yn dangos pa mor llithrig, prydferth a naturiol yw'r gynghanedd, hyd yn oed trwy gyfrwng y Saesneg.

> Home of the bard and the Cardi – a mint
> of romantic beauty;
> a village in the valley
> smiling by the surging sea.

✧ *Traethell Cwmtydu a'r pentref rhwng Banc Penparc a Banc Caerllan a'r arfordir tuag at y gogledd.*

> Leisure in deep seclusion – far away
> > from the world's mad passion;
> > in so lush isolation
> > I would live and die alone.

Roedd T. Llew ei hun hefyd yn hoff iawn o
Gwmtydu. Trwy ei gyfeillgarwch ag Alun Cilie
ac o ganlyniad i briodi mewn i deulu'r Cilie, fe'i
cyflwynwyd i farddoniaeth rhamant a thalent
y 'Tyl'. Rhannai'r 'Bois' hanesion y traeth a'r fro
a theimlai T. Llew fod ynddynt ddeunydd crai
cyffrous i ysgrifennu nofelau a llyfrau i blant. Tyfodd
hedyn syniad *Dirgelwch yr Ogof* o'i hoffter mawr o
Gwmtydu a bu'r gyfrol yn fenter hynod lwyddiannus
ac yn gyfrwng ffilm deledu hefyd.

Sonnir yn *Teulu'r Cilie*, 'Mae'r smyglwyr a'r môr-
ladron wedi diflannu, rwy'n credu, ond deil o hyd
ar lafar gwlad y chwedlau cynhyrfus . . . am ogof
Penparc a'r casgis *rum*, brandi a gwin a gaed yno yn
amser Rhyfel y Ffrancod.'

Roedd y sefyllfa'n berffaith. Siôn Cwilt a'i
ferlod, y rhamant a'r dirgelwch ynglŷn â'r cymeriad
hynod hwnnw, llongau'r smyglwyr yn angori mewn
tywyllwch wedi cludo gwirodydd, les a thybaco
o Roscoff yn Llydaw o dan drwyn yr 'Excise'. Yn
wir, wrth eistedd oddeutu'r odyn a chofio neu
ddarllen llyfr T. Llew, medrwch ddarlunio'r holl
ddigwyddiadau mor fyw o flaen eich llygaid, a
hynny yn enwedig dan fantell y nos. Plethai enw
plasty lleol i mewn i'w stori, newidiai ychydig
ar enwau ffermydd, dôi ag elfen o arwriaeth a
charwriaeth i mewn i'r hanes. Â'i ddawn dweud
a chrefft y cyfarwydd ni allai ond llwyddo.

Un o'i hoff benillion a gawsai o gof gwerin

lleol oedd:

> Y gasgen fach o frandi,
>> A ddaeth o'r Eil o' Man,
> A lawr yn nhraeth y Crowgal
>> Y golchwyd hi i'r lan.
>>> A whiw, whaw,
>>> Dros y claw'
> Agorwyd hi â chaib a rhaw.

Ac er bod llawer o hiraeth yng nghanu'r beirdd roedd rhyferthwy Natur yn cyffroi'r awen. Roedd T. Llew yn hoff iawn o ddarllen gweithiau'r beirdd gwlad lleol. Cefais y fraint o'i glywed yn adrodd englynion, cywyddau, tribannau a phenillion ar aelwyd ei gartref fwy nag unwaith trwy gyfrwng ei lais cyfareddol. Ac ar fwy nag un achlysur, gwelais leithder llygad ac ambell ddeigryn yn treiglo dros ei ruddiau. Roedd T. Llew yn hiraethu am y gymdogaeth dda a'r diwylliant.

Disgrifiodd Sarnicol Gwmtydu fel cwm 'sguthanod, brithyllod a beirdd'.

> Fy nghyfaill hoff, os ydy
> Dy hen Gymraeg yn rhydu,
> Mae'n bryd, pan ddelo'r tywydd teg,
> It redeg i Gwmtydu.

Dywedodd hefyd: 'Diamau y gwelir y tylwyth teg yn dawnsio yno o hyd ar noson olau leuad gan rai o'r trigolion sydd heb eu gorddiwes gan ddallineb ysbrydol'.

Mae traethell Cwmtydu fel amffitheatr rhamant. Pa well llwyfan neu bulpud na'r odyn galch; y ddwy galeri fawr – Banc Penparc ar y chwith, Banc Caerllan ar y dde a cherddorfa'r Atlantig a'i rhythmau cerddorol. Ond heb gynulleidfa? Wel oes, mae un yn sicr! Cewch gwmni'r morloi, y bilidowcar, y gwylanod ac ambell hebog glas.

'Pa well le,' meddai S.B. a Fred y Cilie, 'i gywion a'u dyheadau ar fynd i'r weinidogaeth . . . neu ddarpar areithwyr neu actorion.'

Hoffai T. Llew, fel llawer un arall, ddod lawr i Gwmtydu ar ddiwrnod stormus i glywed y gwynt yn rhuo, gweld y tonnau gwallgof yn taro'r creigiau, yr ewyn yn chwyrlïo i bob cyfeiriad, i ryfeddu at rym a threfn Natur ac i deimlo breuder dyn.

Er mai 'Lle i enaid gael llonydd' yw Cwmtydu mwyach, nid anghyffredin yw cyfarfod ymwelwyr o San Francisco, Buenos Aires, Sydney neu Yokahama yno. Traeth caregog â graean mân a thyfiant o wymon sy'n puro'r ffroenau yw Cwmtydu.

Nid oes yno rialtwch, *candy floss*, na dwndwr gwagedd. Yn hytrach, mae'r rhamant yn parhau i

◇ *Traeth Pengraig, rhyw filltir i'r gogledd o Gwmtydu ar lwybr arfordir Ceredigion. Lle delfrydol i smyglo.*

raddau – yn enwedig wedi i'r 'gwenoliaid' ddychwelyd. Tueddu i gadw draw a wna'r ardalwyr yn ystod wythnosau brig y gwyliau.

Perthyn i greigiau Cwmtydu a'r arfordir oddeutu traethau Pen-y-graig a Silio tuag at Geinewydd nodweddion daearegol arbennig iawn. Wrth i'r gwaddodion gael eu sgubo allan i'r môr yn y cynoesoedd, cwympodd y rheiny dros wefus y silff gyfandirol. Ac wedi i wely'r môr godi uwchben y dyfroedd mae llawer o'r ffurfiau gwreiddiol yn parhau. Mae'r strata'n gnotiog ac mae'r plygiadau o'r haenau yn drawiadol iawn. Mae'r cyfan fel amgueddfa fyw o'r cread – fel petai rhyw gawr cyntefig wedi eu gwasgu yn unionsyth ac mewn ffurfiau anghredadwy.

O sefyll ar ben yr odyn ceir golygfa banoramig o'r cyfan. Gwelir ogofâu ar y ddau bentir. Dyma gynefin y morloi llwyd sy'n defnyddio'r traeth gwag ym misoedd yr hydref ar enedigaeth eu lloi gwynion. Ar y chwith mae llyn y Morllyn, enghraifft o *impounded lagoon,* a grëwyd gan rym y tonnau yn cau llif afon Dewi, neu afon Tudur fel y'i gelwir gan rai. Ar y dde, ar flaen pentir Caerllan, mae'r Garreg Las Wastad. Dôi'r *Martha Jane*, y *Gwendolen* a'r *Antelope* â llwythi o galch a chwlwm i mewn i Gwmtydu. Weithiau byddai'r elfennau'n drech na'r un llong. Drylliwyd y llong *Antelope* arni ym mis Mehefin 1897.

Ar y dde, rhyw ugain llath o'r morglawdd, mae'r hyn sydd ar ôl o ddant 'Craig yr Enwau'. Yn dilyn tasg o nofio ar fan uchaf y llanw o Fanc Penparc i Fanc Caerllan ac yn ôl trwy donnau brigwyn, ysgythrwyd enwau'r gwroniaid ar y graig arbennig trwy ganiatâd 'Sanhedrin' y teulu. Dyma 'Fur Mebyd' Bois y Cilie,

eu perthnasau a llawer o ddewrion y fro. Bellach
mae'r môr wedi hen erydu'r ysgrifen wreiddiol.

Cofir am ddifyrrwch Dydd Iau Mowr (yn Awst)
oedd yn gyfle am hoe a hwyl a nofio yn y môr, i'w
ddilyn gan Ddydd Iau Bach a Dydd Iau Bach Bach.
Cofnodir ymweliad 'sambarîn' Almaenig yno
yn 1913, yn Ffynnon-yr-hwch. Bu'r Almaenwyr
yn chwilio am ddŵr ffres, ac yn nes ymlaen, yn
rhyfedd ddigon, cyfarfu'r Capten Dafydd Jeremiah
Williams ag un o swyddogion y llong danfor eto yn
Bremerhaven yn ystod Awst 1927 pan oedd yn ail
swyddog ar y *Vera Radcliffe*.

YR ODYN GALCH
Bu'r odyn galch yn gartre i'r Hôm Gard wrth iddynt
gadw Hitler draw o'r glannau. Weithiau cadwyd
cofnodion yr Hôm Gard ar ffurf englynion Saesneg.
Dyma ddau o waith Fred Williams, y Cofnodwr:

> Sunday night the three mighty – are on guard
>   Renegades in bravery;
>   And I bet these men would be
>   Injurious to the Jerry.
>
> United in our duty – here we are
>   The pride of the party;
>   And tonight – we'd fight if we
>   Met Adolph at Cwmtydu.

Un o hoff fannau Alun oedd y tir comin ar ben
yr odyn galch, ond penderfynodd rhyw Sais
ymffrostgar hawlio'r darn cysegredig a'i berchnogi.
Bu'n ddigon haerllug i ddod â pheiriant torri porfa
i ben yr odyn pan oedd Waldo'n darlithio yno. Ni
allai Alun ddioddef y fath haerllugrwydd, a'i ffordd

effeithiol o gael gwared â'r 'misdemaners' yma oedd gosod yr eithin o amgylch ar dân (yn ddamweiniol, wrth gwrs). Wedyn gosodwyd arwyddion 'Private' ar y ddau lwybr a arweiniai i ben yr odyn, ond diflannai'r rheiny cyn gynted ag y rhoddwyd nhw i fyny. Erbyn hyn, mae'r darn tir yn rhydd i bawb unwaith eto.

> Nid oes fan dewisol im heno'n ddymunol,
>   Na chwmni egnïol na rhigol ar ro,
> Na nwyfiant cynefin yn nhangnef Mehefin
>   Na gwerin a'i chwerthin iach wrtho.

Roedd T. Llew yn dyst i'r digwyddiadau hefyd a chynhwysodd y manylion mewn darlith. Ar y llaw arall, gwelodd T. Llew yr odyn fel llwyfan naturiol i gynnal darlithiau. Darlithiodd yno amryw o weithiau, yn ogystal â Waldo. Roedd y gweithgareddau yn adleisio hen arferion y

69

✧ *Aelodau Cymdeithas Chwiorydd Rehoboth Taliesin a ffrindiau ar odyn galch Cwmtydu yn mwynhau'r awyrgylch a'r hanesion difyr am T. Llew Jones.*

gymdeithas ar Ddydd Iau Mawr a Dydd Iau Bach:
taflu coits a phlygu braich.

Dros y blynyddoedd bu Dafydd Iwan, Tecwyn
Ifan ac Elfed Lewys yn diddanu'r cynulleidfaoedd
diwylliedig ar ben yr odyn.

Yma hefyd y trefnodd T. Llew i ddiweddu taith
dathlu canmlwyddiant Isfoel ar 20 Mehefin 1981.
Cerddodd y fintai hir o efail Blaencelyn ar Fanc
Elusendy i Gwmtydu, heibio'r Cilie. Yn arwain roedd
gambo wedi ei thynnu gan geffyl o'r enw Capten,
eiddo Wil James, Trewindsor. Hefyd yn y cart, yn
adrodd barddoniaeth a straeon, roedd y Capteniaid
a chefnderwyr cyntaf, Jac Alun a Dafydd Jeremiah.
A bu T. Llew ei hun yn diddanu ac yn llywyddu'r
gweithgareddau cyn mwynhau te blasus ar yr odyn.

Ychydig o farddoniaeth a gyfansoddodd T. Llew
am Gwmtydu, oherwydd nid oedd am ymyrryd â'r
hyn a gyfansoddwyd eisoes – fel petai hynny'n bur
ac yn orffenedig.

Er hynny, ac yntau bron yn 90 oed, cyfansoddodd
gywydd trawiadol i 'Draeth Cwmtydu':

> Traeth bach mewn hen gilfach gudd,
>   A geirwon greigiau'n geyrydd.
> Bro ddi-stŵr beirdd a stori,
>   Dyna oedd Cwmtydu i ni.
> Unwaith, cyn i'r estron hy
>   Ei ddwyn a'i lwyr feddiannu . . .
>
> Ond ieir haf ydyw'r rhai hyn,
>   Daw adeg eu mynd wedyn.
> Rhoi ffarwel i'r môr heli,
>   Rhoi'r gorffennol 'nôl i ni.
> A chaf innau serch f'henaint
>   Rodio'r fro a'i chyfri'n fraint . . .

Ger y môr, fel cysegr y mae
    Yr enwog Graig-yr-enwau.
Mae'r enwau'n y môr heno
    'N rhan o'i fan ronynnau fo;
Gyr y glaw ar y graig wleb
    Y rhain oddi ar ei hwyneb.
A myn y dicllon donnau,
    Eu llyfu nhw a'u llyfnhau.
Gwelir cyn hir y graig hen
    A'i noeth war heb lythyren . . .

Wedi mynd am ysbaid mae
    Croch ŵyr y ceir a'u chwarae.
A'r gornel ger yr heli
    Sy'n eiddo'r morlo a mi.

Taith 7

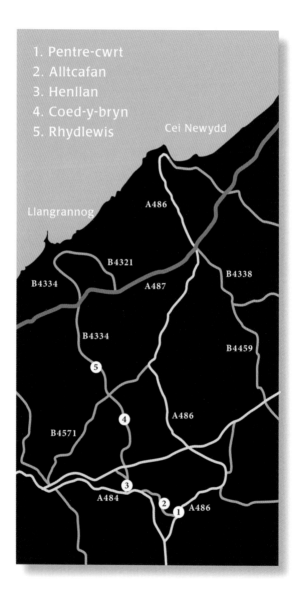

1. Pentre-cwrt
2. Alltcafan
3. Henllan
4. Coed-y-bryn
5. Rhydlewis

Cei Newydd

Llangrannog

A486

B4321

B4334

A487

B4338

B4334

B4459

B4571

A486

A484

A486

Pentre-cwrt ➤ Alltcafan ➤ Henllan ➤ Coed-y-bryn ➤ Rhydlewis

'Cofiwch chi,' meddai T. Llew, 'un o Sir Gâr ydw i. Fan 'ny mae 'ngwreiddiau i, yn ardal Pentrecwrt. Rwy'n falch iawn o hynny, er i mi fyw rhan fwyaf o'm hoes yn Sir Aberteifi.' Roedd T. Llew yn driw iawn i'w filltir sgwâr ac atgoffai ei wrandawyr yn aml am ardal ei febyd. Dyma englyn o'i waith i Ddyffryn Teifi:

> Bro ag afon i'm llonni – wyf ym mhoen
> Pan wyf 'mhell ohoni;
> Mae edifar am Deifi
> Lle bynnag 'r af arnaf i.

Dywed T. Llew yn ei lyfr *Fy Mhobol I*, 'Ganed fi ym Mwlchmelyn, Pentrecwrt, Sir Gaerfyrddin ar yr 11eg o Hydref, 1915, ac mae plac uwchben drws y tŷ hwnnw i nodi'r ffaith. Ar y plac mae'r englyn hwn o waith y Prifardd Dic Jones, cyfaill annwyl iawn i mi.'

> Rhythmau'r iaith yw y muriau hyn – a chwedl
> A chân yw pob llechen;
> Cartre Llew, crud deor llên,
> A thŷ mabolaeth awen.

'Tŷ fy mam-gu oedd Bwlchmelyn, ac yn fuan iawn ar ôl fy ngeni fe symudodd fy rhieni, a minnau gyda nhw, i fwthyn o'r enw Iet Wen . . . Llawr pridd oedd i'r bwthyn, a hwnnw bron mor galed â choncrît, ond yn llawer llai llychlyd. Clôm oedd y muriau a'r rheiny'n rhyw lathen o drwch.'

Siom fawr iddo ar ymweliad â'r hen fwthyn yn ddiweddarach oedd darganfod ei fod bellach yn dwlc mochyn.

Mae'n hawdd cyrraedd pentref Pentre-cwrt o wahanol gyfeiriadau. Mae ffyrdd yr A484 o Gaerfyrddin a sgwâr Llangeler, yr A484 o Gastellnewydd Emlyn a'r A486 o Landysul yn cyfarfod ar sgwâr y pentref.

I weld man geni T. Llew Jones, Bwlchmelyn, ewch o'r sgwâr i gyfeiriad Ffatri Derw. Mae'n addas i gerddwyr, beiciau, moduron neu fws yn y mannau lletaf tu hwnt i'r bont sy'n croesi afon Siedi. Culhau

⬦ *Aelodau Cymdeithas Gymraeg y Borth ar daith yn dilyn ôl troed T. Llew, tu allan i Fwlchmelyn, Pentrecwrt – man geni T. Llew Jones (11 Hydref 1915).*

mae'r ffyrdd wedyn ac maent yn anaddas i fysiau. Trowch i'r dde wedi croesi'r bont ac fe welwch dalcen gwyn Bwlchmelyn o'ch blaen. Ar y chwith mae llyn fas ac ar y dde goedwig a blannwyd, ond ynghynt fe'i gelwid yn 'Pisyn Padis'. Dywed T. Llew: 'Yn ymyl Bwlchmelyn gynt roedd darn o dir comin ar lan afon Siedi a oedd yn gyrchfan i sipsiwn. Yno yn eu carafanau lliwgar, y deuai yn eu tro y Lovells, y Burtons, y Boswells a'r teuluoedd crwydrol eraill...'

Yn wir, bu'r cof cynnar a nodwyd yn ysbrydoliaeth iddo pan ysgrifennodd un o'i nofelau enwocaf, *Tân ar y Comin*. Defnyddiodd Edith a Duncan ynghyd â Tim Boswell fel cymeriadau yn y nofel honno.

Efeill-dŷ oedd Bwlchmelyn ac mae estyniad wedi ei ychwanegu at y pen isa. Yn nyddiau mebyd T. Llew cadwai ei fam-gu siop yn y pen ucha. Roedd yn hael iawn 'a'i phwysau dros ben byth a hefyd' wrth werthu siwgr, menyn a the. Wrth gasglu negeseuon, câi'r plant 'binsied o swîts' yn aml.

Cyflogid deugain o fechgyn a merched yn Ffatri Derw yn yr 1920au ac roedd agosrwydd y ffatri yn llesol iawn i fasnach y siop.

Roedd tad T. Llew yn wehydd yn y ffatri. Meddai T. Llew: 'Gweu yn y ffatri oedd yn talu leiaf – yn enwedig pan fyddai'r edafedd yn frau ac yn torri'n aml yn y gwŷdd'.

Mae perchennog presennol Bwlchmelyn yn barod iawn i ymwelwyr sefyll o flaen ei gartref a thynnu lluniau.

Yn ei gyfrol *Fy Mhobol I* mae T. Llew wedi cyflwyno pennod gyfan i'w fam-gu (ar ochr ei fam).

'Dynes fechan, dwt, olygus oedd hi yn fy nghof cynta i . . . Roedd hi yn frenhines ein teulu ni heb os nac oni bai. Ymffrostiai ei bod wedi darllen ei Beibl drwyddo – bob gair a phennod – dair gwaith . . . Byddai'n adrodd hen faledi a darnau gwladaidd o farddoniaeth oddi ar ei chof wedyn, ac roedd ganddi stôr o bosau ar ein cyfer ni'r blant wrth y tân gyda'r nos.

'Byddai Mam-gu yn adrodd storïau am ysbrydion, toilïod a chanhwyllau corff.'

CWM ALLTCAFAN
Oherwydd poblogrwydd cerdd T. Llew Jones i'r cwm arbennig, gellir dweud yn hollol ddidwyll fod Cwm Alltcafan wedi ennill ei blwyf ymhlith y genedl a'i fod bellach yn gyfochrog â Chwm Pennant, Melin Tre-fin, Pwllderi ac Aberdaron fel mannau arbennig â chysylltiadau llenyddol.

✧ *Afon Teifi'n llifo o dan bont Alltcafan cyn cwympo dros y gored.*

Ceunant ddofn yw Cwm Alltcafan lle mae afon Teifi yn gwthio'i hun trwy'r graig wedi iddi ymdroelli'n araf rhwng y dolydd o gyfeiriad Llandysul.

Rhyw 18,000 o flynyddoedd yn ôl, pan oedd rhewlifoedd yn gorchuddio Cymru ac yn symud o gyfeiriad Iwerddon, dechreuodd yr iâ ddadmer. Credir mai'r dŵr tawdd o dan y rhewlif a erydodd y graig gan greu'r ceunant a adwaenir heddiw fel Cwm Alltcafan. Roedd y tir uwch wedi tagu unrhyw ddihangfa gan ffurfio llyn enfawr wedi rhewi a gallwn ddychmygu ei maint a'i lleoliad wrth ddringo i dir uchel ac edrych i lawr i'r saser fawr o dirwedd oddeutu Llandysul a'r wlad gyfagos. Mae ceunentydd eraill i'w gweld yn Henllan, Cenarth a Chilgerran.

Wedi croesi'r bont mae lle i barcio ar y tro llydan (am ychydig amser) gan ofalu peidio â chreu anhawster i'r Clwb Pysgota a'r lôn. Awgrymaf barcio cyn dod i'r bont.

Wrth sefyll ar y bont uchel sy'n croesi afon Teifi medrwch weld y dolydd breision, rhan o Bentre-cwrt a'r maes criced enwog ar y dde – a'r afon yn llifo'n araf. Yn ei blaen, gwelir y cyn ffatri wlân a'r rhan agosaf wedi ei dymchwel. Bwriedir, gyda chaniatâd, atgyweirio'r adeiladau sydd ar ôl i greu fflatiau moethus. Mae cored yn cadw'r dyfroedd 'nôl o flaen y ffatri gan greu rhaeadr fechan a phwll dwfn ar ei gwaelod a oedd yn lle arbennig i bysgotwyr a photswyr.

RHEILFFORDD HENLLAN

Gwasgai'r hen reilffordd o Gaerfyrddin i Gastellnewydd Emlyn drwy'r cwm coediog yng nghwmni'r afon. Ac roedd rhaid creu twnnel arbennig i gario'r lein ymlaen i Henllan. Mae'r twnnel wedi'i gau i atal anifeiliaid rhag mynd mewn iddo. Gwaddol bwyell Beeching yw'r rheswm. Fe'i disgrifir gan rai fel fandaliaeth wleidyddol lwyr ac afresymol.

Un o hoff straeon T. Llew oedd am rieni ardal Pentre-cwrt yn mynd â'u plant i mewn i'r twnnel wedi i drên deithio trwyddo. Byddai'r anwedd, yr ager a'r mwg yn llesol ac yn gyfrwng i wella'r pas! Clywid hefyd am rieni yn agor ffenestri cerbydau trên wrth deithio arno er mwyn i'w plant oedd yn dioddef o'r pas anadlu'r ager a'r mwg.

Mae grisiau yn disgyn i wely'r hen drac gyferbyn â ffatri Alltcafan a hawdd yw ei ddilyn yn ddiogel uwchben afon ddofn y Teifi hyd at y twnnel. Bellach, er bod ei geg wedi ei chau, mae fandaliaid wedi

✧ Y 'Twnnel Du' sy'n rhan o'r hen reilffordd rhwng Henllan a Llandysul, wedi'i gau er mwyn atal anifeiliaid rhag crwydro mewn i'r tywyllwch.

dinistrio'r drws metel oedd yn atal mynediad i
ddüwch y twnnel. Byddwch yn ofalus.

Ar lechen ym mur y bont ac yn wynebu'r ffatri,
gwelir y geiriau canlynol:

'This bridge was built, the approaches
formed, and the road from Rhydfach to
Llandysul made through the exertions of
John Lloyd Davies, Esquire of Blaendyffryn,
who from the conviction of its benefit to the
country projected the work and procured
the money necessary to execute it in the
years 1939–40–41.'

Ond bu dadlau mawr yn yr ardal ynglŷn â
lleoliad y ffin a pha sir oedd yn berchen ar y bont,
Aberteifi ynteu Caerfyrddin. Yn ôl y penillion isod,
daethpwyd i benderfyniad:

      Bu anghytundeb cyson
         Ble'r ffin uwchben y dŵr,
      A checran a chweryla –
         Diddiwedd oedd y stŵr.

      Cawd gornest i'r ddau gryfaf
         A lloriwyd un o'r pâr,
      Ei draed yng Ngheredigion
         A'i ben e yn sir Gâr.

      Trwy ganol llif y Teifi
         Daeth heddwch 'nôl i'r tir,
      Dan fwa y cyfamod
         Aeth hanner i bob sir.

Awgrymaf hefyd os ydych yn ymweld â Chwm
Alltcafan mewn modur, eich bod yn dychwelyd i'r
gyffordd ger tafarn Plas Parke a throi i'r dde tuag

at Henllan a Chastellnewydd Emlyn. Os ydych mewn bws, parciwch ychydig cyn cyrraedd y bont ond wedyn gyrrwch ymlaen heibio i fynediad Plas Blaendyffryn ac ymuno â'r B4571, a'r dewis fydd mynd i'r chwith i Gastellnewydd Emlyn neu i'r dde tuag at yr A486.

O deithio o Bentre-cwrt i gyfeiriad Henllan mae dau le arbennig o ddiddordeb i'w hystyried. Yn Nre-fach mae Amgueddfa Wlân Cymru gyda chyfleusterau parcio, byrbrydau, siop a thaith gyda thywysydd o gwmpas y ffatri. Rhaid gyrru lawr i bont Henllan i droi 'nôl i gyfeiriad Dre-fach Felindre.

Wedi croesi pont Henllan dros afon Teifi gwelir fod yr afon wedi creu pyllau dyfnion duon a phrydferth y naill ochr a'r llall i'r bont. Wrth agosáu at y pentref fe welwch y cyn-garchar rhyfel ar y dde sydd bellach yn stad ddiwydiannol, yn gartrefi i deuluoedd, yn safle carafanau ac yn gartref i Eglwys y Galon Gysegredig. Adeiladwyd ac addurnwyd yr eglwys unigryw hon gan garcharorion Eidalaidd, ac mae'r arlunwaith oddi mewn gan Mario Eugenio Ferlito. Defnyddiodd lysiau'r maes, ffrwythau gwyllt a pherllan, growns te a choffi, tybaco, tabledi lliw o'r ffatri wlân, a glud o ferwi esgyrn pysgod, a'r cyfan wedi'i gymysgu â hylif piclo, sef eisinglas, i greu'r arlunwaith. Creodd ffresco o'r Swper Olaf uwchben yr allor, chyfres o luniau ar y nenfwd yn dynodi'r Croeshoeliad a digwyddiadau pwysig yn hanes Iesu.

Nid yw'r eglwys ar agor i'r cyhoedd ond trwy ganiatâd y teulu sy'n berchen y safle. Mae digonedd o le i barcio yno.

Ym mhen uchaf pentre Henllan mae gorsaf y rheilffordd fechan ar agor ac yn fan cychwyn i daith

ar y trên i gyfeiriad Castellnewydd Emlyn a gorsaf
Pont Pren Shitw i gyfeiriad Llandyfrïog. Hefyd y
mae yno siop, cyfleusterau parcio, caffi ac amgueddfa
fechan.

Ewch yn eich blaen ar feic, mewn modur neu
fws i bentref Aber-banc. Gwelwch gofgolofn ar y
dde i fechgyn lleol a gollwyd yn y ddau Ryfel Byd.
Croeswch y B4571 i gyfeiriad Llangrannog, Rhydlewis
a Choed-y-bryn (ar y B4334).

Wrth ddringo rhiw Pengallt, yn y coed ar y
chwith fry ar godiad tir, yn blasty hardd ac unigryw,
roedd Plas y Bronwydd. Wedi marwolaeth Syr
Marteine Lloyd, symudodd ei wraig, y Foneddiges
Katherine Helena, i Drefdraeth a gwerthwyd y plasty
i adeiladwr. Gwerthodd yntau'r plwm oddi ar doeon
y plas ac yn fuan iawn dirywiodd yn ddirfawr. Yn y
diwedd fe'i dymchwelwyd am resymau diogelwch.

Roedd gan T. Llew ddiddordeb mawr yn hen
hanes y tirfeddianwyr. Yn wir, roedd llawer o diroedd
ac afonydd oddeutu Pentre-cwrt yn eiddo i deulu'r
Cyrnol Lewes o stad Llysnewydd. Ymwelodd â hen
Blas y Bronwydd droeon, a chofiai weld cloch y plas
yn hongian yn nhŵr uchel y *campanile*. Diflannodd
y gloch cyn ailymddangos yn nhŵr Eglwys y Galon
Gysegredig yng ngharchar carcharorion rhyfel
Henllan.

Bu plant, sef ffoaduriaid o Wlad y Basg yn eu
harddegau yn bennaf, yn byw ym Mhlas y Bronwydd
ar ddechrau'r rhyfel, wedi i Franco a'i Ffasgwyr fomio
Guernica a bygwth trefi a dinasoedd eraill. Wedyn,
trwy gyfnod y rhyfel, 1943–46, cynhaliwyd ysgol i
blant Iddewig o Brighton yn y Plas dan oruchwyliaeth
y prifathro Mr Eliassoff. Bu llawer o garcharorion
Eidalaidd yn gweithio fel gweision yn yr ysgol hefyd

a rhai yn dal cwningod fel bwyd i'r cŵn Alsatian a oedd yn gwarchod y lle.

Wrth gyrraedd cyrion pentref Coed-y-bryn, heibio i fferm Blaenllan, mae tro llydan yn troi am y pentref. O'ch blaen gwelwch festri Eglwys Llangynllo. Mae digon o le i barcio moduron neu fws ar y chwith. Os ydych am yrru ymlaen mewn modur ar y ffordd gul i'r chwith i weld Eglwys Llangynllo, fe ddowch i glos fferm Llangynllo. Rhaid mynd drwy'r buarth i gyrraedd mynediad yr eglwys ond mae'r teulu hynaws yn barod i ganiatáu un neu ddau fodur ac ambell ymwelydd i weld yr eglwys ar gyrion y clos os gofynnir caniatâd. Os ydych yn teithio mewn bws, awgrymir parcio ger y festri a cherdded draw i'r eglwys.

CEILIOG Y GWYNT

Mae cysylltiad agos iawn rhwng T. Llew Jones ac Eglwys Llangynllo. Bu'n brifathro ar Ysgol Gynradd Coed-y-bryn (1958–1976), ac yma bu ar ei brysuraf, gan ysgrifennu llawer o'i lyfrau ac ennill dwy gadair genedlaethol yng Nglynebwy a Chaernarfon yn 1958 ac 1959 mewn cyfnod creadigol toreithiog iawn.

Yn Eisteddfod Caerffili yn 1950 enillodd T. Llew y wobr gyntaf am gyfansoddi englyn i geiliog y gwynt. Ei ffugenw oedd Iolo, y beirniad oedd D. Gwenallt Jones, a'i wobr oedd un gini. Ond roedd 347 yn cystadlu. Cafodd yr englyn buddugol a'r saga ddilynol gryn sylw o wahanol gyfeiriadau.

> Hen wyliwr fry mewn helynt – yn tin droi
> Tan drawiad y corwynt;
> Ar heol fawr y trowynt
> Wele sgwâr polis y gwynt.

Mewn eisteddfodau diweddar, ychydig dros hanner cant sy'n cystadlu efallai, ac roedd T. Llew yn hoff o atgoffa pawb am ei orchest, gan ychwanegu at y 347 oedd yng Nghaerffili:

> Fe hoffai y Prifardd atgoffa y criw
> Pan ddaeth llawryf englyn – y safon oedd wiw,
> A bellach rhyw ddeugain a ddengys y chwant,
> Ond 'nôl yng Nghaerffili roedd yna chwe chant.

Byddai'r ffigwr 600 yn amrywio yn ôl ei chwiw.

Rhai blynyddoedd yn ddiweddarach roedd Nan Davies, cynhyrchydd radio gyda'r BBC, am wneud rhaglen arbennig am yr englyn a'i destun. Anfonodd ffotograffydd uniaith Saesneg o Gaerdydd lawr i Goed-y-bryn i dynnu llun y gwrthrych buddugol. Cyflwynodd ei hun dros y trothwy yn nhŷ'r ysgol, Coed-y-bryn, a gofynnodd gwestiwn i T. Llew.

'Where is the bird?'

'Am funud,' dywedodd T. Llew, 'roeddwn yn meddwl ei fod ar ôl fy ngwraig!' Yna daeth rhes o gwestiynau:

'Is it a native bird?

Is it free or caged?

Is it plumaged in various colours?

Does it sing?

Does it migrate?'

'Roedd yn bryd dangos y "bird" iddo,' meddai T. Llew. Aeth â'r ffotograffydd draw i Eglwys Llangynllo a chyfeiriodd at yr aderyn, fry ar binacl tŵr yr eglwys.

'There it is on the crossroads of the winds – directing traffic!'

Ac o enau'r ffotograffydd daeth yr ebychiad ffafriol i'r awdur –

'What beautiful imagery!'

'Meddyliwch, yr unig ganmoliaeth a gefais oedd oddi wrth Sais.'

Wedi dychwelyd o Eglwys Llangynllo, ewch yn eich blaen i fyny ar y B443 i sgwâr y pentre. A bron cyn cyrraedd, sylwch ar adeilad newydd sbon ar y dde, sef Neuadd Coed-y-bryn. Yn yr hen adeilad hirgul y dathlwyd campau unigryw T. Llew o ennill dwy gadair genedlaethol yng Nglynebwy a Chaernarfon. Dyma'r unig dro i fardd ennill y llawryf ar ddau achlysur dilynol ers Dewi Emrys. Daeth beirdd dros Gymru gyfan i'w gyfarch.

Ychydig i'r dde o'r neuadd mae cyn-gartref i Ieuan Jones, neu Ieuan Blaenllan, neu Ieuan y Bỳs. Mae aelodau'r teulu yn parhau i fyw yno. Roedd ei dad Evan Jones yn berchen ar injan ddyrnu stêm, y *Cynllo Princess*, a hithau a fedyddiwyd yn gyntaf â'r rhif cofrestru arbennig, EJ 1. Ond gwerthodd Ieuan yr injan fel sgrap a'r rhif yn gynwysedig yn y fargen. Roedd Ieuan am gadw'r rhif ond nid oedd hynny'n gyfreithiol bosibl ar y pryd. Difarodd Ieuan golli EJ 1 a phenderfynodd geisio prynu'r rhif yn ôl. Hysbyswyd pawb i chwilio drwy'r papurau Sul am werthiant modur a rhif EJ 1 arno.

Un bore Sul, wrth fodio drwy'r *Sunday Times*, sylwodd T. Llew ar hysbyseb am EJ 1. Rhuthrodd a'i wynt a'r papur yn ei ddwrn o dŷ'r ysgol yng Nghoed-y-bryn draw at Ieuan Jones a thynnu ei sylw at yr hysbyseb. Ymhen ychydig amser ffoniodd Ieuan y gwerthwr a threfnu cyfarfod mewn maes parcio ger pont Hafren. Dychwelodd yr EJ 1 i'r teulu er mawr ryddhad i Ieuan, a gwelir y rhif heddiw yn tramwyo'r broydd ar un o geir y teulu. Dywedir i Elton John ddangos diddordeb mawr yn y rhif gan

gynnig ffigwr pum digid amdano, er nad oes fawr o
goel ar y stori honno, a beth bynnag, ni fynnai Ieuan
ei ryddhau fyth eto, diolch i T. Llew.

TŶ'R YSGOL, COED-Y-BRYN

Ar y chwith, mae tŷ'r ysgol wedi ei wisgo mewn
briciau coch, fel yn wir mae'r ysgol gerllaw. Yma bu
T. Llew a'i wraig Margaret Enidwen a'u meibion Emyr
Llywelyn ac Iolo Ceredig yn byw am 18 mlynedd.

Ewch ar y ffordd wastad heibio i gyn-gartref
Beti (George) a Wyn Rees, a chapel y Methodistiaid,
hyd at gyffordd Penrhiw-pâl a'r B4571. Trowch i'r
chwith ac yna yn sydyn i'r dde tuag at Rydlewis a

✧ *Tŷ'r Ysgol, Coed-y-bryn, cartref teulu T. Llew Jones.*
Cofrestrwyd yr adeilad fel Gradd I ar gofrestr tai
ysgolion y sir.

Llangrannog. Ar y sgwâr mae'r hen 'gwrt' lle dygid troseddwyr o flaen eu gwell, ac wrth ddisgyn i Rydlewis arferid cyfeirio at y ffordd fel 'Rhiw Jâl'. Saif Rhydlewis ar waelod Dyffryn Ceri, wedi ei anwesu gan fryniau uchel y naill ochr a'r llall. Fe welwch hen gapel enwog Hawen yn ei wisg wen ysblennydd ar y dde. Ychydig i fyny o'r sgwâr ar y ffordd sy'n arwain i Bentregât a Ffostrasol mae neuadd (newydd) y pentre. Yma cynhelid yr eisteddfod flynyddol enwog ar Nos Galan. Bu T. Llew yn beirniadu, yn cystadlu ac yn wrandawr cyson yma dros gyfnod maith. Fel dywedai: 'Roedd yn fwy o gamp a braint ennill cystadleuaeth yr englyn yma nag oedd hi yn y Genedlaethol'.

Meddai T. Llew am yr eisteddfodau bychain: 'Roedd mwy o dwyll a rhagrith ac ymgecru'n mynd ymlaen yn gyson ynddyn nhw . . . Dyna pryd y dysgais i hefyd fod y beirdd yn gollwyr sâl iawn'. Nid oedd neb yn waeth nag ef ei hun!

Os oes gennych amser sbâr byddai ymweliad â chapel Twrgwyn M.C. a'i bensaernïaeth drawiadol yn brofiad ysblennydd ac yn gyfle i gael hanes cyn-weinidog – yr enwog Barchedig John Green. Fe gaeodd e lawer o dafarndai'r fro oherwydd ei ddaliadau dirwestol gan gynnwys tafarn Glanmorllyn wedi sesiwn fawr y glowyr yn 1926.

Teithiwch ymlaen i gyfeiriad Llangrannog a Brynhoffnant. Ymhen canllath i sgwâr Rhydlewis fe welwch fferm y Moylon a'r ddraig goch yn cyhwfan bob amser ar fur yr adeiladau, a phlac arbennig hefyd sy'n dynodi mai yno y magwyd Elizabeth Mary Owen (Moelona). Ysgrifennodd lawer o lyfrau, yn bennaf i blant, ac efallai mai'r enwocaf yw *Teulu Bach Nantoer*. Roedd y traddodiad llenyddol a sefydlodd Moelona yn hwb sylweddol i hyder T. Llew Jones fel awdur. Bu cefnogaeth Moelona ac Alun R. Edwards, llyfrgellydd Sir Aberteifi a Dyfed yn gyfrwng ysbrydoliaeth i gynadleddau Plas y Cilgwyn, y Pwyllgor Addysg ac i sefydlu Cymdeithas Lyfrau Ceredigion. Hwy oedd noddwyr mwyaf T. Llew Jones.

Dewisodd T. Llew y teitl *Fy Mhobol I* i'w lyfr hunangofiannol. Roedd wedi dewis y teitl uchod i wneud yn siŵr fod y darllenwr yn sicr o'i wreiddiau, ei gydnabod, ei ffrindiau a'r dylanwadau Cymreig a'i lluniodd. Hefyd roedd yn wrth-gyferbyniad llwyr i lyfr Caradog Evans, *My People*, a gyhoeddwyd yn 1915 ac yn dwyn yr is-deitl, 'Stories of the Peasantry of West Wales'.

Dywed T. Llew: 'Fe achosodd y llyfr gryn gyffro a drwgdeimlad. Fe achosodd bron gymaint o halibalŵ ymysg y Cymry Cymraeg â Brad y Llyfrau Gleision slawer dydd . . . Rwy'n credu'n siŵr erbyn hyn mai'r ffordd faleisus a sarhaus y defnyddiodd Caradog idiomau a ffurfiau'r iaith Gymraeg oedd y drosedd anfaddeuol a gyflawnodd e.' Roedd yn byw yn Lanlas Uchaf, fferm fechan ar gyrion Rhydlewis.

'Portreadodd werin bobol Ceredigion, a Rhydlewis yn arbennig, fel godinebwyr a rhagrithwyr twyllodrus ac fel pobol affwysol o dwp ac anllythrennog. Yr hyn a wnaeth e . . . oedd defnyddio idiomau pert yr iaith lafar yn ardal Rhydlewis, ac wrth eu troi nhw i'r Saesneg, eu llurgunio nhw mewn ffordd hollol ddieflig, nes gwneud i'r cymeriadau oedd yn eu defnyddio nhw yn storïau ymddangos yn anifeilaidd o dwp a chynefig o ffals.'

Credir mai dial oedd Caradog am yr hyn a ddigwyddodd i'w dad – arwerthwr amhoblogaidd a orfodwyd i farchogaeth y Ceffyl Pren, sef styllen bren a ddefnyddid i gosbi twyllwyr a throseddwyr.

Roedd 'yn barod i werthu stoc ac eiddo ffermwyr a thyddynwyr tlawd oedd wedi methu talu'r degwm neu'r rhenti uchel oedd yn cael eu hawlio gan y meistri tir mewn cyfnod o dlodi mawr'.

Mae T. Llew yn ddiflewyn-ar-dafod yn ei sylwadau am Caradog Evans: 'Faddeuodd Cymru byth i Caradog am *My People*. Ond mae'r iaith yn rhan ohonom i gyd, a phan aeth i lurgunio honno er mwyn chware i'r galeri i'w gynulleidfa Seisnig, fe aeth tu hwnt i faddeuant. Hir iawn yw cof cenedl'.

Wrth adael pentref Rhydlewis, ar y dde wedi croesi afon Ceri gwelir yr hen Felin Geri a chyn-gartref y Dr Greg Stevenson, darlithydd ar bensaernïaeth, perchennog ar fythynnod clôm wedi eu hadfer a chyflwynydd rhaglenni am adeiladau nodedig yng nghwmni Aled Samuel a Minty yr ast Dalmatian fu unwaith yn seren ar y ffilm *101 Dalmatians* gyda Ioan Gruffydd.

Mae'r ardaloedd y cyfeirir atynt yn *Ôl Troed T. Llew* mor agos at ei gilydd ac yn ymblethu mor naturiol fel y medrwch ddechrau neu ddiweddu o amryw o'r safleoedd. Wrth gyrraedd Brynhoffnant, a chartref y Prifardd Idris Reynolds, Bryn Môr, drws nesa i gapel Bryn Moriah, rydych ar gyrion Pontgarreg, Llangrannog a Thalgarreg, ac mae'n hawdd cysylltu â mannau eraill ar deithiau gwahanol wrth ddilyn ôl troed T. Llew Jones.

Yn wir, wedi i Sais gymryd drosodd yn y Pentre Arms yn Llangrannog ni fu'r croeso mor wresog a symudodd y seiat i barlwr tafarn Brynhoffnant. Ac yno, am flynyddoedd, gan fwynhau gwasanaeth cynnes Lloyd Jones a June, bu T. Llew, Alun, Jac Alun a Dic, yn bennaf, ynghyd ag eraill, yn cyfarfod yn rheolaidd.

Taith 8

1. Pentre-cwrt
2. Capel Mair
3. Saron

Cei Newydd

A486

Llangrannog

B4321

B4338

B4334

A487

B4334

B4459

A486

B4571

A484

A486

Pentre-cwrt ➤
Capel Mair ➤
Saron

Ar brynhawn hirfelyn tesog, pe bai awydd yn codi
arnoch i fynd ar daith fer, gryno a diddorol yn
ymwneud â T. Llew Jones, awgrymaf y mannau a
nodwyd oddeutu Pentre-cwrt.

Gwnewch eich ffordd i sgwâr Pentre-cwrt.
Dilynwch y ffordd tuag at Felin Derw, fel yr
awgrymais mewn taith arall (*Taith 7, tud. 74*).
Parciwch eich modur mewn man llydan naill ai
cyn dod i'r bont neu'r tu hwnt i afon Siedi. Trowch
i'r dde a gyferbyn â'r llyn roedd 'Pisyn Padis', sef
'darn o dir comin, a oedd yn gyrchfan i sipsiwn
ar lan afon Siedi. Yno yn eu carafanau lliwgar, y
deuai yn eu tro y Lovells, y Burtons, y Boswells
a'r teuluoedd crwydrol eraill'. Fe welwch dalcen
gwyn Bwlchmelyn o'ch blaen. Yno ganwyd Thomas
Llewelyn Jones ar 11 Hydref 1915, ac mae englyn
crefftus Dic Jones i'w weld ar lechen ger y drws a
ddadorchuddiwyd gan T. Llew ei hun ddydd Sadwrn,
10 Mehefin 1989. Gweler yr englyn ar dudalen 73.

Ymhen llai na chanllath fe welwch heol fechan
i'r dde a phont goncrit yn croesi afon Siedi lydan i
Ffatri Derw. Mae rhan o'r ffatri bellach yn cael ei
hadnewyddu ar gyfer canolfan gwneud ac arddangos
dodrefn. Mae dyfroedd byrlymus y Siedi yn
arddangos yr egni a'r grym parhaol a ddefnyddiwyd
i yrru'r peiriannau yn yr oes a fu. O'ch blaen hefyd
fe welwch nant fechan ddi-nod o'r enw Dŵr Bach yn

arllwys i mewn i'r Siedi cyn bod hithau'n ymdroelli am afon Teifi ac yn cael ei llyncu gan y fam afon.

Ychydig tu hwnt i'r mynediad i Felin neu Ffatri Derw mae cnwc a phont garreg yn cario'r ffordd dros ddyfroedd tawel Dŵr Bach. Mae bwa'r bont yn isel iawn ac yn anodd ei weld o'r ffordd. Canodd T. Llew delyneg hyfryd i Bont Dŵr Bach, ac fe'i gwelir yn y gyfrol *Trysorfa T. Llew Jones* gan Tudur Dylan Jones.

Profiad arbennig yw darllen y gerdd gerllaw y bont i gordiau'r nant. Darllenwyd y gerdd gan Tudur Dylan Jones yn ystod gwasanaeth angladdol T. Llew Jones yn Amlosgfa Aberystwyth.

Dychwelwch i gasglu eich modur neu i eistedd yn sedd gyfforddus y bws mini a throwch i'r chwith cyn dod 'nôl at y Ffatri Derw gan ddringo rhwng cloddiau uchel y ffordd gul a serth. Ewch heibio mynediad i fferm Shadog a thŷ gwyn mawr Aelybryn ar y dde. Ymhen ychydig fe ddowch i

✧ *Dŵr Bach, Pentrecwrt, yn llifo dan y bont. Cyfansoddodd T. Llew Jones delyneg hyfryd iddi.*

safle eglwys Capel Mair. Trowch i mewn i'r chwith, heibio'r fynwent a'r eglwys ac yna i'r dde o flaen adeilad di-raen yr olwg arno. Mae digon o le i barcio. Defnyddir yr adeilad fel canolfan gymdeithasol bellach, ond yn y gorffennol dyma oedd ysgol ddyddiol Capel Mair lle cafodd y T. Llew ieuanc ei addysg gynnar am bedair blynedd.

Ond symudodd ei deulu eto i Dynewydd a chofrestrwyd T. Llew yn ddisgybl ym Mryn Saron, lle bu nes i'r teulu ddychwelyd i fwthyn y Waun ym Mhentre-cwrt. Yn fuan iawn wedyn enillodd le yn Ysgol Ramadeg Llandysul. Ei sylw am yr addysg a dderbyniodd yn yr 'academi' honno oedd: 'Ni fwynheais i fy hunan yn ystod y pedair mlynedd yn Ysgol Ramadeg Llandysul a gadewais y lle ym 1932 gyda thystysgrif digon tila ar ôl sefyll yr hen "Senior" slawer dydd'.

'Roedd y gyfundrefn yn filitaraidd, y gwersi trwy gyfrwng y Saesneg a rhai o'r athrawon yn sarcastig', oedd ei sylwadau sych.

CARREG OGAM CAPEL MAIR

O uchelderau Capel Mair mae golygfeydd ysblennydd a phanoramig tua'r de a'r gorllewin sy'n cwmpasu mynydd Llanllwni, Banc Sion Cwilt, uchelderau Hermon a'r Preselau, heb sôn am saser eang Dyffryn Teifi.

Heblaw'r eglwys ei hun mae trysor hanesyddol i'w weld mewn cas gwydr y tu mewn i'r cysegr. Yno mae carreg ogam Capel Mair. Ac yn ôl hanes difyr T. Llew Jones ei hun, ef oedd yn rhannol gyfrifol am ei hailddarganfod.

Yn ôl T. Llew: 'Bu Syr John Rhys ac ysgolheigion eraill o Brydain a Ffrainc yn chwilio'n ofer amdani …

Carreg fedd oedd carreg Capel Mair i fab y Gwyddel Brychan (Brocagne), ac enw'r mab wedi ei Ladineiddio oedd Deca Barbolom'. Credir iddo oroesi o tua 500 O.C. Ceir hanes pellach amdani mewn pennod arbennig, 'Y Garreg Ogam', yn y gyfrol *Fy Mhobol I* gan T. Llew Jones.

Roedd T. Llew yn un o weithwyr gwirfoddol y fro a oedd yn gosod pibau i gludo dŵr o ffynnon Blaengwrfach i'r ysgol. A thra oedd yn cloddio â'i bicas, trawodd ar draws carreg fawr gan gyfaddef iddo dorri darn blaen o'r garreg cyn ei chodi o'r ddaear.

Dywed T. Llew ymhellach: 'Fe fu pobl yr amgueddfa yng Nghaerdydd yn ceisio'i chael ond fe benderfynodd y Sgweier, Cyrnol Lewes, Llysnewydd, nad oedd hi ddim yn cael ymadael â'r fro.'

Ac yn eglwys Capel Mair mae'r garreg hyd heddiw, er i T. Llew awgrymu y byddai llawer mwy o bobl yn ei gweld pe bai yn Amgueddfa'r Sir yng Nghaerfyrddin.

Dyma le braf i gael anadlu'r awelon iachusol, i werthfawrogi'r golygfeydd, i ddarllen barddoniaeth T. Llew a chael picnic blasus.

Mae gweddillion rhieni T. Llew Jones yn gorffwys ym mynwent Capel Mair hefyd.

Medrwch ddychwelyd yr un ffordd i Bentre-cwrt ac ymlaen i Saron, neu ddringo ymhellach i fyny heibio Cnwc yr Eithin i gyffordd Bancyffordd. I'r chwith, nid yw Llandysul ond dwy filltir a chwarter i ffwrdd. I'r dde, dros y rhostir rhuddgoch ac unig, mae'r ffordd sy'n unionsyth mewn mannau yn eich arwain i Lanpumsaint a thu hwnt.

Taith 9

1. Pentre-cwrt
2. Llandysul
3. Bwlch-y-groes
4. Ffostrasol
5. Capel Cynon
6. Talgarreg

Cei Newydd

Llangrannog

A486

B4321

B4334

B4338

A487

B4334

B4459

5

4

3

A486

B4571

2

A484

1

A486

Pentre-cwrt ➤ Llandysul ➤ Bwlch-y-groes ➤ Ffostrasol ➤ Capel Cynon ➤ Talgarreg

Difyr a diddorol yw sylweddoli fod ôl troed T. Llew yn ymledu i bob cyfeiriad o ardal ei febyd ym Mhentre-cwrt a'r cyffiniau. Mae fel petai rhywun wedi taflu carreg i ddyfroedd llonydd, a'r cylchoedd yn crychu ac yn tonni allan ac allan.

Wedi cyrraedd sgwâr Pentre-cwrt ac efallai wedi bod draw ym Mwlchmelyn, cymerwch yr A486 i gyfeiriad Llandysul. Ar yr ochr dde fe welwch res o dai cyngor ar gyrion y pentre ac mae arosfan o'i blaen. O dynnu mewn am ychydig, edrychwch yn eich blaen dros y meysydd gwastad i'r tir uwch, coediog, ac fe welwch geunant a chwm Alltcafan.

I'r dde ychydig cyn i afon Teifi lifo dan y bont a thros y gored i'r cwm coediog safai gorsaf, neu Pentrecwrt Halt, a phont i'r lein groesi'r afon. Rhydodd y bont dros y blynyddoedd a gwerthwyd yr haearn fel sgrap. Oddi yma teithiai'r T. Llew ieuanc ar y trên yn ddisgybl i Ysgol Ramadeg Llandysul. Rhannai'r daith â bechgyn a merchetos Castellnewydd Emlyn a Henllan ar yr 'express' boreol.

Hefyd ar y chwith mae meysydd gwastad y dyffryn, ac yno sefydlwyd tîm criced Pentre-cwrt. Rhoddodd T. Llew bennod gyfan i hanes y tîm yn ei lyfr, *Fy Mhobol I*.

Heb offer, na chae na chlwb, 'dim ond dibynnu ar drugaredd ffermwyr y fro, fel Sam Davies, y Cwrt, a fu mor garedig a rhoi hawl i chwarae ar ei ddôl wastad.'

'Dim ond crymannau oedd gennym i dorri'r borfa . . . a dim ond rowler ffarm i wneud y llain yn wastad. Ond o roi deg o fechgyn ar ben y rowler a deg i'w thynnu, fe gyflawnwyd gwyrthiau.'

Meddai T. Llew hefyd, 'Y trwbwl mawr oedd gwartheg y Cwrt a oedd, fel y tlodion, gyda ni bob amser . . . cerddent ar draws y wiced gan ei defnyddio fel y man dymunol ar y ddôl honno i wneud eu busnes.'

Mae T. Llew hefyd yn cynnwys pennod ar botsian yn ei lyfr. Dyma rai o'i sylwadau:

'. . . roedd fy nhad hefyd yn botsiar dawnus a llwyddiannus, a byddai'r grefft honno yn dod â thipyn o elw trwy gydol y flwyddyn . . . Rwy'n cofio gweld tri ar ddeg o eogiaid mawr yn hongian yn ein cegin ni unwaith . . . Roedd potsiers Pentre-cwrt yn enwog . . .' A'r cyn-denantiaid bellach yn berchen ar eu ffermydd, meddai T. Llew: 'Choelia i byth fod holl botsiers bro fy mhlentyndod wedi darfod o'r tir.'

Yn y tŷ olaf ar ben y rhes o dai cyngor oedd Glennydd, cartref Megan Eluned (Meg), chwaer T. Llew. Bu'n ffyddlon iawn i'w brawd, ac yn gyfrwng cysur beunyddiol iddo dros wifrau'r ffôn – hyd y diwedd. Bellach mae'n byw yn Waungilwen.

Mae hithau'n cadw dyddiadur llawn, fel ei brawd, ers blynyddoedd. Awgrymodd T. Llew y dylai hi ei gyflwyno i'r Llyfrgell Genedlaethol yn gofnod cyfoethog o gyfnod i'r dyfodol, fel y gwnaeth ef.

ADNABOD AWDUR IFANC

Mae gwythiennau newydd oddi ar yr A484 yn eich arwain heibio a thrwy Llandysul. Hawdd fyddai

troi i'r chwith ar y gylchfan newydd a dringo ffordd
Llandysul. Ond awgrymaf i chi deithio mewn i
dre Llandysul, trwy Bontweli a thros y Teifi yn ôl i
Geredigion. Ar y dde, ychydig wedi croesi'r bont,
gwelwch siop lyfrau enwog Gomer sydd hefyd yn
gwerthu recordiau, crynoddisgiau a nwyddau eraill
ac yn gyn-swyddfeydd ac argraffdy Gwasg Gomer.

Wrth deithio o Bentre-cwrt rydych mwy neu lai
yn dilyn gwelyau afon Teifi a'r hen reilffordd tuag at
orsaf Llandysul oedd yn mynd ymlaen i Bencader,
Caerfyrddin, neu'n wir i Aberystwyth.

Yn wahanol i lawer o'i gyd-ddisgyblion a
deithiai i'r ysgol ramadeg yn ddyddiol ar y trên o
Gastellnewydd Emlyn i Landysul, byddai'r T. Llew
ieuanc chwilfrydig oddeutu 12 oed yn troi mewn i
siop enwog 'Y Gomerian'. Yno, am ryw chwarter awr
neu fwy, byddai'n bodio ac yn darllen ychydig o'r
llyfrau ar y silffoedd; roedd fel ogof Aladin iddo. A
dychwelai y diwrnod canlynol i ddarllen ymhellach.
Sylwodd y siopwraig, Hannah Lewis, hen fam-gu
cyfarwyddwr presennol Gwasg Gomer, fod yna
rywbeth arbennig iawn am y bachgen hwn. Byddai'n
ymgolli'n llwyr mewn un llyfr, *The Collected Works
of Charles Dickens*. Pris y llyfr yr adeg honno oedd
hanner coron, sef cyflog wythnos o waith yn y ffatri
wlân. Estynnodd Mrs Lewis gopi o'r llyfr hwn a'i
roi yn anrheg i'r bachgen. Cywir yw dweud, dyna'r
buddsoddiad gorau a wnaeth y cyhoeddwyr erioed,
er lles eu hunain a Chymru gyfan.

Ewch ymlaen drwy'r stryd fawr i gyfeiriad
Ffostrasol a Cheinewydd. Fe ddowch i groesfan
newydd ac adeilad trawiadol a safle newydd Gwasg
Gomer. Mae cysylltiad agos iawn rhwng Gwasg
Gomer a T. Llew Jones oherwydd hwy a gyhoeddodd

y mwyafrif helaeth o'i lyfrau. Ymhlith yr awduron eraill y cafodd eu gwaith ei argraffu a'i gyhoeddi gan y wasg, mae T. H. Parry-Williams, Gwenallt, D. J. Williams, Waldo, T. Rowland Hughes ac Islwyn Ffowc Elis.

Mae hanes y wasg yn ymestyn 'nôl i 1892 pan brynodd John David Lewis (1859–1914) beiriannau arbennig ac ymsefydlu yn argraffydd yn y pentre. Mab i groser ydoedd a chanddo ddiddordebau llenyddol, a gwerthai lyfrau yn siop ei dad. Yn 1908 rhoddodd yr enw Gwasg Gomer ar y cwmni, er cof am Joseph Harris (Gomer).

Wrth deithio ar hyd priffordd yr A486 o Horeb, trwy Croes-lan, fe ddowch i Fwlch-y-groes, a bron ar y chwith i'r sgwâr mae capel yr Annibynwyr. Y gweinidog diwethaf ar y cysegr oedd yr enwog Barchedig Elfed Lewys, ond cofir hefyd am un o'i weinidogion disgleiriaf, sef y Parchedig Rhys Nicholas a fu'n gweinidogaethu yno rhwng 1952 ac 1965. Gellir honni bod ei eiriau eneiniedig i emyn-donau 'Pantyfedwen' a 'Berwyn', er enghraifft, gyda'r rhai mwyaf poblogaidd yn yr iaith Gymraeg. Daeth geiriau Rhys Nicholas, 'Tydi a wnaeth y wyrth, O Grist Fab Duw . . .' i'r brig mewn pleidlais ddiweddar ar hoff emynau Cymru ar raglen *Dechrau Canu, Dechrau Canmol.*

Bu T. Llew a'r teulu yn byw yng Nghartrefle gerllaw'r capel ym Mwlch-y-groes cyn symud i Goed-y-bryn, a daeth yn gyfeillgar â W. Rhys Nicholas. Hefyd, yntau oedd golygydd cyfrol *Cyfansoddiadau Eisteddfod Genedlaethol Cymru* am flynyddoedd. A thrwy ei adnabyddiaeth ohono, diau llithrodd amryw o gyfrinachau rhyngddynt ynglŷn ag enillwyr y prif wobrwyon yn y Genedlaethol.

Y pentref nesaf yw Ffostrasol – a'r tŷ cyntaf ar y dde wedi'r tai cyngor yw Tŷ'r Ardd, cartref Emyr Llywelyn ac Eiris. 'Llew' oedd ei dad a 'Llyw' ydyw ef. Fe'i cydnabyddir fel ymgyrchwr tanbaid, athro ysbrydoledig, cwmwynaswr i unigolion a chymdeithas, darlithiwr ac areithiwr dewr ac effeithiol. Hefyd mae'n hyrwyddwr pybyr yr iaith a'r diwylliant Cymraeg ac yn gyd-olygydd gyda Ieuan Wyn ar y cylchgrawn annibynnol, *Y Faner Newydd*.

Y GARREG WEN

Y pentref nesaf yw Capel Cynon, sy'n enwog fel safle hen ffeiriau. Wrth droi i'r dde ar y bont (mewn modur neu fws mini) ar hyd ffordd gul, dowch at

◇ *Y gofeb a'r garreg wen i'w gweld ar groesffordd yr hen ffordd rhwng Rhydowen a Synod Inn i gofio am delyneg enwog Sarnicol, 'Ar Ben y Lôn'. Cyflwynodd T. Llew araith yn ystod seremoni ei dadorchuddio.*

sgwâr pedair ffordd lle gwelir ar y dde i'r gornel i fynd tua Thalgarreg a'r 'garreg wen' enwog. Mae'n dynodi'r man a ysbrydolodd Sarnicol (Thomas Jacob Thomas) i gyfansoddi ei delyneg adnabyddus 'Ar Ben y Lôn'. Fry ar y llethr i'r dde mae Sarnicol (Sarn Nicholl), a'r tŷ wedi'i adnewyddu gan aelodau o'i deulu. Mae gweddillion Sarnicol yn gorwedd ym mynwent Bwlch-y-groes.

Rydych nawr wrth droi i'r chwith wedi ymuno â'r un ffordd â phe baech wedi dod o Bren-gwyn a Maesymeillion.

DEWI EMRYS

Ewch yn eich blaen nes dod i sgwâr pedair lôn arall. Trowch i'r dde i fynd i Pisgah a'r fynwent. Yn agos i ochr orllewinol y capel mae gweddillion David Emrys James (1881–1952) yn gorwedd, ochr yn ochr â Tom Llywelyn Stephens, cyn-brifathro Ysgol Talgarreg a hyrwyddwr a cynorthwywr dygn i Dewi Emrys yn ystod ei flynyddoedd olaf. Gwelir cawg llech hefyd ar ei fedd â'r arysgrifiad: 'Teyrnged serch yr Aelwyd – i'w sylfaen.'

Hefyd ar garreg fedd Dewi Emrys gwelir y cwpled a gyfansoddodd y bardd fel beddargraff iddo'i hun. Daethpwyd o hyd i'r cwpled ar ddarn o bapur yn nrôr y ford yn y Bwthyn, cartref Dewi Emrys tan 1952, gan y Parchedig Jacob Dafis.

> Melys hedd wedi aml siom,
> Distawrwydd wedi storom.

Anelwch am Dalgarreg, ac fe welwch y Bwthyn gyferbyn â thafarn Glanrafon. Bydd croeso cynnes a bwyd blasus yn y dafarn.

Bu T. Llew Jones yn athro dan oruchwyliaeth T. Ll. Stephens, a thalodd deyrnged loyw i'w brifathro gydol ei oes. Daeth T. Llew i adnabod Dewi Emrys ac i ddysgu llawer amdano trwy Tom. Ll. Stephens. Hyd yn oed yn ei ieuenctid cynnar roedd ganddo gof am 'yr wyneb eryraidd, y llygaid gwyllt, treiddgar'. Cyflwynodd T. Llew ddarlith canmlwyddiant ar Dewi Emrys yn Eisteddfod Bro Ddyfi, Machynlleth, 1981.

✧ *Y Parchedig John Gwilym Jones yn ymweld â beddau Dewi Emrys a Tom Ll. Stephens, Talgarreg ym mynwent Pisgah. Mae englyn o waith T. Llew Jones er cof am Tom Stephens ar garreg unigol:*

> *Ar hyd ei oes carai dant − carai'r iaith*
> *Carai'r hen ddiwylliant,*
> *Carodd Gymru'n ddiffuant,*
> *A'i gwbl oedd addysg ei blant.*

Dywedodd mai 17 oed oedd e pan gyfarfu â Dewi Emrys am y tro cynta – ac yn ddisgybl yn Ysgol Ramadeg Llandysul. Roedd T. Llew yn teithio mewn bws, ac yn rhyfedd iawn roedd rhyw ddieithrwch yn yr awyr a'r teithwyr i gyd yn dawedog. Deallodd T. Llew fod Emrys James (Dewi Emrys) ar y bws.

'Roedd ganddo wyneb eyraidd, gwelw o dan het trilby, urddasol yr olwg, a'i wallt brithlwyd, cryf yn hongian yn gudynnau o dan ymylon honno. Roedd ei bresenoldeb yn llond bws.'

Meddai T. Llew ymhellach, 'Galwodd Alun Cilie a minnau i'w weld yn ei fwthyn yn Nhalgarreg chwap ar ôl yr eisteddfod, a mynnai'r wàg Alun holi iddo beth oedd ei farn am awdl fuddugol Geraint Bowen (1946, 'Yr Amaethwr'). Fe ffromodd ar unwaith! "Hen awdl fach jingl-jingl a fydd wedi mynd yn ango'n fuan iawn."

'Roedd Dewi Emrys i fewn, ond wrth gwrs, doedden ni ddim yn dishgwl i'r hen Dom Parry a'r hen Gwenallt bach wobrwyo Dewi Emrys.

'Rhaid dweud, serch hynny, er ei holl daranu yn erbyn ei feirniaid, na theimlem fod unrhyw falais dwfn yng nghalon Dewi tuag atynt. Taranwr ydoedd . . . ond nid oedd dicter yn aros. Pan gollai Dewi, nid ef oedd wedi colli, a dweud y gwir, ond ei feirniad'.

Mae trosiad S. B. Jones, y Cilie, wrth siarad yn angladd Dewi Emrys yn gofiadwy: 'Roedd tannau hwn mor dynn, doedd dim rhyfedd yn y byd fod rhai ohonyn nhw'n torri weithiau.'

Cipiodd Dewi Emrys bedair cadair genedlaethol, Lerpwl (1929), Llanelli (1930), Bangor (1943), a Phen-y-bont ar Ogwr (1948). A dyna pryd y gwnaed y rheol sy'n gwahardd unrhyw un rhag ennill y goron neu'r gadair fwy na dwywaith.

Mae prifardd enwog arall yn byw yn y Plas, Talgarreg, sef Donald Evans. Mae e'n un o dri phrifardd yn unig i gyflawni'r dwbl dwbl – sef ennill coron a chadair y Genedlaethol yr un pryd ddwywaith: T. H. Parry-Williams (Wrecsam 1912 a Bangor 1915), Alan Llwyd (Rhuthun 1973 ac Aberteifi 1976), a Donald Evans (Wrecsam 1977 a Dyffryn Lliw 1980).

Roedd Donald Evans hefyd yn un o griw y Pentre Arms yng nghwmni T. Llew, Alun, Dic a'r Capten Jac Alun.

Dilynwch y B4338 allan o gwm hyfryd y Cletwr tuag at Synod Inn a'r A487 Wrth agosáu at y groesffordd bedair ffordd gyntaf rydych ar gyrion Banc Siôn Cwilt, a phe baech yn troi i'r dde i gyfeiriad Mydroilyn ger Sarnau Gwynion byddech ger safle honedig tŷ unnos a chartref John Gwilt neu Siôn Cwilt.

Ger glannau afon Rhydlyd teithiai'r smyglwr a'r 'lleidr defaid o'r Bannau' drwy'r cwm coediog tywyll i draethell Cwmtydu. Dywedir fod gan Siôn Cwilt gytundeb i gael gwared ar y 'contraband' o Roscoff yn Llydaw a phorthladdoedd eraill trwy ddwylo dichellgar Syr Herbert Lloyd, sgweier Plas Ffynnon Bedr, Llanbedr Pont Steffan. Fel y cofiwn, cynhwysodd T. Llew y cymeriad Syr Herbert yn anturiaethau Twm Siôn Cati.

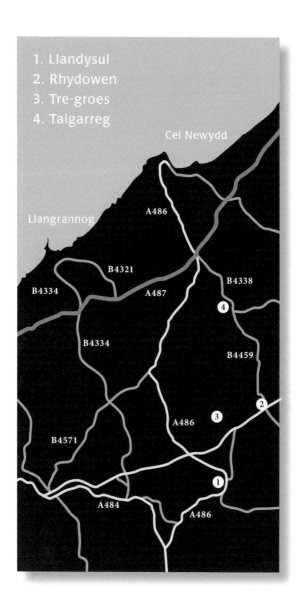

1. Llandysul
2. Rhydowen
3. Tre-groes
4. Talgarreg

Cei Newydd

Llangrannog

A486

B4321

B4334

A487

B4338

B4334

B4459

B4571

A486

A484

A486

Llandysul ➤ Rhydowen ➤ Tre-groes ➤ Talgarreg

Pan ddowch at sgwâr lydan Horeb, mae gennych ddewis. Naill ai troi i'r dde i gyfeiriad Llanbedr Pont Steffan a throi yn Rhydowen ar y B4459 i Bont-siân, Castellhywel, ac ymlaen i Dalgarreg – neu mynd yn eich blaen trwy Fwlch-y-groes a Ffostrasol – eto i gyrraedd Talgarreg.

Yng nghanol pentre Rhydowen mae dau gapel i'w gweld, sef hen gapel Undodaidd Llwynrhydowen a saif yn dyst i gythrwfl y 'Troad Allan' ar 29 Hydref 1876, a'r Capel Coffa sydd i'w weld ar y dde wedi troi am Bont-siân.

Gosodwyd y garreg sylfaen yn y Capel Coffa gan Mrs Jones, Gellifaharen. Yr argraff ar y garreg yw:

> Dodwyd y maen hwn yn ei le gan
> Mrs Jones, Gellifaharen, Mehefin 21, '78.
> *Deus nobis otia fecit*
> [Duw a roes i ni orffwysfa].

Gyferbyn â'r garreg sylfaen mae carreg arall o'r un ffurf a maint, yn dwyn y nodyn coffadwriaethol hwn:

> Dechreuodd yr achos yn y Llwyn 1726.
> Y capel cyntaf 1733, yr ail gapel 1791, y trydydd 1834.
> Adnewyddwyd 1862.
> Y troad allan Hyd 29ain 1876.

Roedd T. Llew a'r Parch. Jacob Dafis yn gyfeillion mynwesol ac roedd safiad arwrol yr Undodiaid cynnar yn erbyn teyrn y plas yn apelio'n fawr ato. Byddai wedi gwneud Undodwr da!

'Dwi ddim yn mynychu oedfaon cyfundrefnol ond rwy'n credu,' meddai wrthyf unwaith. Rhedai rhyw ddyhead radical drwyddo a safai bob amser dros y 'dyn bach', y werin, neu'r rhai a gâi eu damsgen mewn dadl, mewn ymgyrch, ac yn ei nofelau.

YSGOL TRE-GROES

Bu T. Llew Jones yn ysgolfeistr ar Ysgol Tre-groes rhwng 1951 ac 1958. Oherwydd ei safle yn ddwfn yn Nyffryn Cerdin roedd iddi batrwm cymdeithasol ac ieithyddol arbennig iawn.

Dywed T. Llew Jones, 'Roedd hi'n ysgol â hanner cant o blant a'r rheiny i gyd yn Gymry cant y cant, heb un Sais na dysgwr yn eu plith . . . Gallai rhai o'r ffermwyr sefydlog olrhain eu hachau yn ôl dros dri neu bedwar can mlynedd, ac roedd y Gymraeg ar eu gwefusau yn Gymraeg croyw a chyhyrog. Rhyw ardal o'r neilltu . . . a gwahanol i rai o'r pentrefi cyfagos.'

Roedd taith ddyddiol T. Llew i Dre-groes yn un anodd a ffwdanus (gweler hanes pentref Llangrannog ar dudalen 30). Yn wir, bu ymdrechion yr ysgolfeistr i gyrraedd yr ysgol yn destun sylw ac erthygl yn un o bapurau Llundain.

Ond wedyn, yn 1934, prynodd fodur Morris 10 deunaw mlwydd oed am ganpunt. 'Dyma fi'n ŵr bonheddig ar unwaith,' oedd sylw'r sgwlyn.

Cofnodir un digwyddiad gan T. Llew sy'n adlewyrchu cyfoeth hen feddyginiaeth y werin.

Syrthiodd llechen o do'r ysgol ar ddiwrnod gwyntog gan daro un o'r bechgyn ar ei ben. Bu'r ysgolfeistr a'r athrawes yn ceisio atal llif y gwaed ond heb lwyddiant, ac i leddfu'r gofid daeth un Mrs

Henson, y gegin-wraig, i'r adwy. Rhoddodd hithau lond dwrn o nythe corynnod dros y clwyf gan 'roi stop ar y gwaedu'n ddiymdroi'. Credir fod yr hen feddyginiaeth wedi achub bywyd y plentyn.

Cysylltir ardal Tre-groes ag un o ganeuon hyfrytaf T. Llew, sef 'Y Fedwen'. Fe'i cyflwynodd i blant a rhieni'r fro fel arwydd o'i ddiolchgarwch iddynt am eu croeso a'u caredigrwydd.

I lawr yng nghwm Cerdin
Un bore braf gwyn,
A Mawrth yn troi'n Ebrill
A'r ŵyn ar y bryn;
Ni welais un goeden, (ni welaf rwy'n siŵr),
Mor fyw ac mor effro,
Mor hardd yn blaguro
Â'r fedwen fach honno yn ymyl y dŵr.

Â'r haf yng nghwm Cerdin
Fel arfer ar dro,
A'r adar yn canu
A nythu'n y fro,
Ni welais un goeden, (ni welaf rwy'n siŵr),
Mor llawn o lawenydd,
A'i gwyrddail mor newydd,
Â'r fedwen aflonydd yn ymyl y dŵr.

Â'r hydre'n aeddfedu
Yr eirin a'r cnau,
A'r nos yn barugo
A'r dydd yn byrhau,
Ni welais un goeden, (ni welaf rwy'n siŵr),
Mor dawel a lliwgar
A'i heurwisg mor llachar,
Â'r fedwen fach hawddgar yn ymyl y dŵr.

Â'r gaea' 'mro Cerdin
A'r meysydd yn llwm,
A'r rhewynt yn rhuo
Drwy'r coed yn y cwm,
Ni welais un goeden, (ni welaf rwy'n siŵr),
Er chwilio drwy'r hollfyd,
Mor noeth ac mor rhynllyd
Â'r fedwen ddifywyd yn ymyl y dŵr.

Caewyd yr ysgol yn derfynol yn 2008.

Atodiad

DETHOLIAD O LYFRAU T. LLEW JONES

1958	*Trysor Plasywernen*
1958	*Merched y Môr a chwedlau eraill*
1960	*Y Llyfr Difyr*
1960	*Y Merlyn Du* (cyfaddasiad)
1960	*Trysor y Môr-ladron*
1960	*Y Ffordd Beryglus*
1965	*Llyfrau Darllen Newydd 1*
1965	*Llyfrau Darllen Newydd (2 a 3)*
1965	*Penillion y Plant*
1965	*Ymysg Lladron*
1966	*Gwaed ar eu Dwylo*
1967	*Sŵn y Malu*
1968	*Dial o'r Diwedd*
1968	*Llyfrau Darllen Newydd 4*
1969	*Corn, Pistol a Chwip*
1969	*Yr Ergyd Farwol*
1970	*Gormod o Raff*
1970	*Y Corff ar y Traeth*
1971	*Ofnadwy Nos*
1973	*Barti Ddu o Gasnewy' Bach*
1973	*Cerddi Newydd i Blant (o bob oed)*
1973	*Un Noson Dywyll*
1974	*Cri'r Dylluan*
1974	*Cyfrinach y Lludw*
1975	*Tân ar y Comin*
1975	*Arswyd y Byd*
1976	*Helicopter! Help! a straeon eraill*

1976	*Pethe Plant*
1976	*Rwy i am fod . . . yn ddoctor*
1976	*Ysbryd Plas Nantesgob*
1977	*Lawr ar Lan y Môr*
1977	*Dirgelwch yr Ogof*
1979	*Tales the Wind Told*
1979	*'Slawer Dydd*
1980	*A Chwaraei di Wyddbwyll?* (T. Llew a Iolo)
1986	*Berw Gwyllt yn Abergwaun*
1987	*Canu'n Iach*
1989	*Lleuad yn Olau*
1991	*One Moonlit Night*
1992	*Cyfrinach Wncwl Daniel*
1993	*Cancer Cures or Quacks?*
1994	*Y Gelyn ar y Trên*
1995	*Gipsy Fires*
1995	*Hen Gof*
1997	*Y Môr yn eu Gwaed*
1997	*Modrwy Aur y Bwda*
2001	*Storïau Cwm-Pen-Llo*
2002	*Fy Mhobol I*

GWOBRAU

1976	Gwobr Tir na n-Og am *Tân ar y Comin*
1990	Gwobr Tir na n-Og am *Lleuad yn Olau*
1991	Tlws Mary Vaughan Jones am ei gyfraniad arbennig i faes llyfrau plant

LLYFRYDDIAETH GRYNO

Cerddi Pentalar, (ail gyfrol o gerddi Alun Cilie),
gol. T. Llew Jones , Gwasg Gomer, 1976

Cyfoeth Awen Isfoel, gol. T. Llew Jones, Gwasg Gomer, 1981

Cyfrol Deyrnged y Prifardd T. Llew Jones, gol. Gwynn
ap Gwilym a Richard H. Lewis, Barddas, 1982

Cyfaredd y Cyfarwydd, Siân Teifi, Gwasg Cambria, 1982

Llangrannog: Etifeddiaeth Pentref Glan Môr,
Dr J. Geraint Jenkins, Cyngor Cymuned
Llangrannog, 1998

Teulu'r Cilie, Jon Meirion Jones, Barddas, 1999

Morwyr y Cilie, Jon Meirion Jones, Barddas, 2002

Trysorfa T. Llew Jones, gol. Tudur Dylan Jones, Gwasg
Gomer, 2004, 2009

Geiriau a Gerais, gol, T. Llew Jones, Gwasg Gomer, 2006

Llên Gwerin T. Llew Jones, Llyfrau Llafar Gwlad, Gwasg
Carreg Gwalch, 2010

Bro a Bywyd T. Llew Jones, Jon Meirion Jones,
Barddas, 2010